가장 쉬운 NEW 영어일기 따라쓰기

주선이 지음

동양북스

저자 **주선이**

영어 교육 및 스토리텔링을 전공한 영어 교육 전문가로, 전통적인 교수법에 다양한 매체와 기술을 접목한 창의적인 영어 학습 콘텐츠를 기획 · 개발해 왔습니다. 자기주도 학습 중심의 커리큘럼을 설계하여 학습자의 눈높이에 맞춘 교재를 집필 중입니다.

대표 저서로 『기적의 영어문장 만들기』, 『기적의 사이트 워드』, 『기적의 동사 변화 트레이닝』, 『기적의 영어 문장 트레이닝』, 『초등 영어를 결정하는 파닉스』, 『초등 영어 논픽션 독해』, 『바빠 영어시제 특강』, 『맛있는 Everyday 초등 영문법』, 『가장 쉬운 NEW 영어회화 따라쓰기』 등이 있습니다.

블로그 Sunny English Garden (https://blog.naver.com/sunyijoo)

가장 쉬운 NEW
영어 일기 따라쓰기
30일 완성

개정 1쇄 인쇄 | 2025년 12월 1일
개정 1쇄 발행 | 2025년 12월 10일

지은이 | 주선이
감수 | Michael
발행인 | 김태웅
기획편집 | 김수연
디자인 | 김지혜
삽화 | 플러그(김인화)
마케팅 총괄 | 김철영
온라인 마케팅 | 신아연
제작 | 현대순

발행처 | (주) 동양북스
등록 | 제 2014-000055호
주소 | 서울시 마포구 동교로 22길 14 (04030)
구입 문의 | 전화 (02)337-1737 팩스 (02)334-6624
내용 문의 | 전화 (02)337-1762 이메일 dymg98@naver.com

ISBN 979-11-7210-145-9   63740

☆ 머리말

『가장 쉬운 NEW 영어일기 따라쓰기』는 오랜 시간 가정과 교육 현장에서 직접 초등학생들에게 영어 일기를 지도한 경험을 바탕으로 집필한 교재입니다. 아이들과 함께 영어 일기를 쓰는 과정에서 기대 이상의 학습 효과는 물론, 소중한 추억도 함께 쌓을 수 있었습니다.

이번 개정판에서는 듣기 활동 중 집중력을 높일 수 있는 어휘 퀴즈와, 보다 풍부한 학습 경험을 위한 일기 지도 가이드를 새롭게 추가했습니다. 또한 동일한 주제를 두 가지 글감으로 연습할 수 있도록 본문을 확장하여, 하나의 주제를 다양한 상황과 시각으로 바라보며 응용력을 키울 수 있도록 구성했습니다.

이 교재가 많은 분들께 의미 있는 경험과 값진 결과를 안겨주는 좋은 길잡이가 되기를 바라며, 다음과 같은 목적을 중심으로 구성했습니다:

⭐ 첫째, 하루 6문장으로 구성된 쉬운 글감을 통해 학습 부담을 줄였습니다. 짧은 시간 동안 집중해서 학습함으로써 성취감을 느끼고, 바른 학습 습관도 자연스럽게 길러질 수 있습니다.

⭐ 둘째, 매일 글감을 읽고, 듣고, 직접 손으로 따라 쓰는 활동을 반복합니다. 이 과정은 읽기, 듣기, 말하기, 쓰기 능력을 고르게 키워줄 뿐만 아니라, 글감이 자연스럽게 뇌에 각인되어 기억력을 향상시키는 데에도 도움이 됩니다.

⭐ 셋째, 초등학생의 일상적인 주제를 아기자기한 삽화와 함께 담았습니다. 가정과 학교에서 겪을 수 있는 친숙한 이야기와 그림은 아이들의 흥미를 높이고, 자기 표현 능력을 키우는 데에도 큰 도움이 됩니다.

⭐ 마지막으로, 일기 본문은 영어 자판 연습이나 문장 암송 활동에도 활용할 수 있습니다. 각 본문은 꼭 익혀야 할 기초 문장 패턴으로 구성되어 있어, 문장을 통째로 익히면 더욱 효과적입니다. 특히 매일 한 편씩 암송하는 연습을 통해 아이들의 어휘력, 기억력, 말하기 능력이 눈에 띄게 향상되는 것을 직접 확인할 수 있었습니다.

본서로 학습하는 모든 분들이 소중한 추억을 만들고, 그 경험을 함께 나눌 수 있기를 진심으로 바랍니다.

저자 주선이

하루 6문장 영어 일기를 따라 쓰며 익혀요!

실생활 주제의 일기를 하루 6문장씩 1개월 동안 집중 학습합니다.
초등 기초 영문장 패턴을 자연스럽게 체득할 수 있습니다.

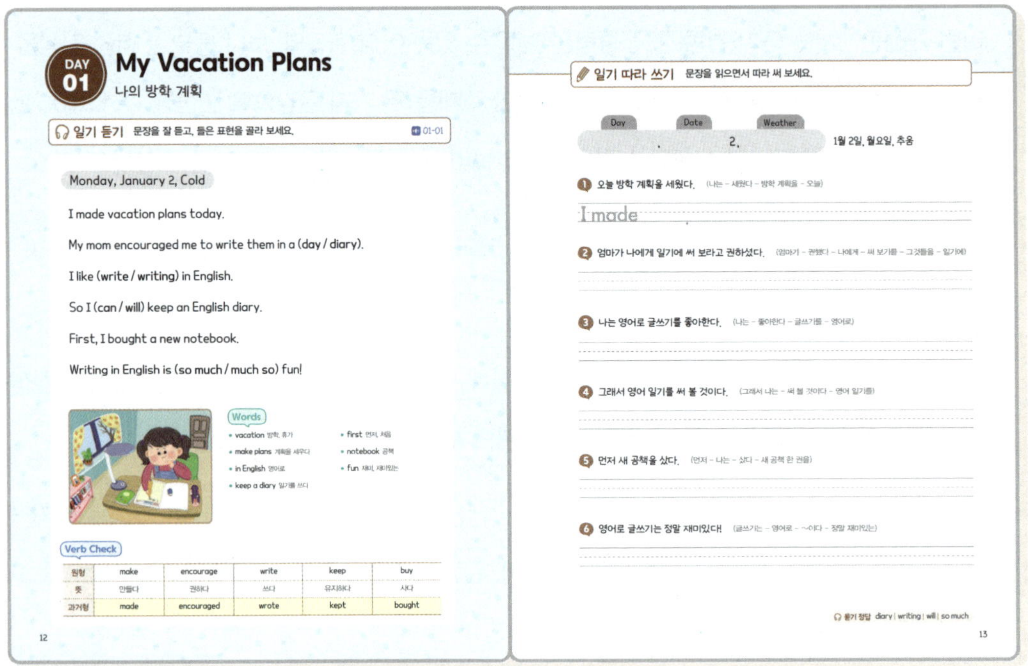

🎧 일기 듣기

눈으로 본문을 읽고, 오른쪽 페이지의 해석을 통해 뜻을 파악합니다. 그 후, 음성 파일을 들으며 들은 표현을 골라 봅니다.

✏️ 일기 따라 쓰기

눈과 귀로 익힌 본문을 손으로 따라 써 봅니다. 쓰면서 소리 내어 읽으면 뇌가 더 오래 기억하게 됩니다.

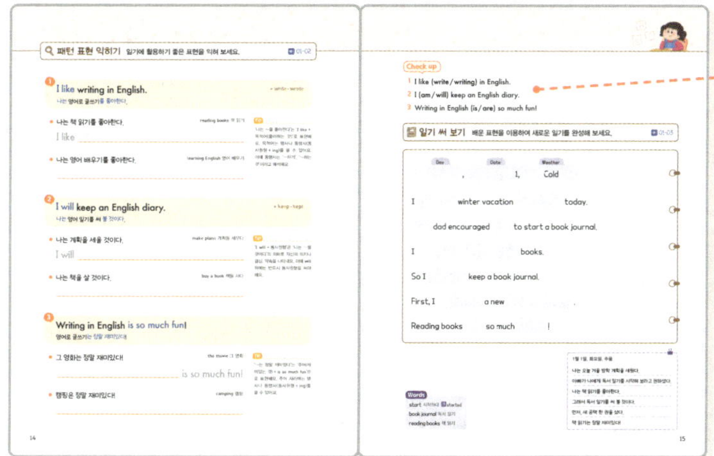

빈칸에 알맞은 표현을
골라 동그라미 표시해
봅니다.

🔍 **패턴 표현 익히기**   일기에 활용된 주요 패턴 3개와 새로운 예문을 연습합니다.

📖 **일기 써 보기**   음성 파일을 들으며 동일한 주제의 새로운 일기를 완성해 봅니다.

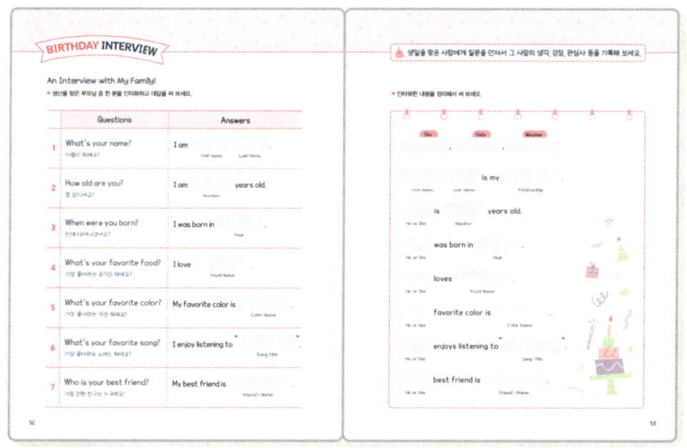

생일을 맞은 사람에게 질문을 던지고
인터뷰 내용을 기록해 봅니다.

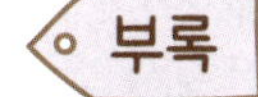

부록

책에 나온 단어를 찾아보기 쉽도록 정리했습니다.

★ 목차

1. 날짜 쓰기

Wednesday, March 25, 2030

↓ **Day of the week(요일)** ↓ **Date(월+일)** ↓ **Year(연도)**

① 요일과 월은 항상 첫 글자를 대문자로 써요.

② 요일, 월+일, 연도의 순서로 쓰고, 그 사이에 쉼표를 써요.

③ 연도는 생략할 수 있어요.

Day of the week(요일)

일요일	Sunday (Sun.)
월요일	Monday (Mon.)
화요일	Tuesday (Tues.)
수요일	Wednesday (Wed.)
목요일	Thursday (Thurs.)
금요일	Friday (Fri.)
토요일	Saturday (Sat.)

Date(월+일)_Month(월)

1월	January (Jan.)	7월	July (Jul.)
2월	February (Feb.)	8월	August (Aug.)
3월	March (Mar.)	9월	September (Sept.)
4월	April (Apr.)	10월	October (Oct.)
5월	May	11월	November (Nov.)
6월	June (Jun.)	12월	December (Dec.)

Date(월+일)_Day(일)

➜ 숫자로 써도 되지만 서수로 쓰기도 해요. 단, 읽을 때는 1st(first), 2nd(second)처럼 서수로 읽어야 해요.

• 서수 표기법

1st	2nd	3rd	4th	5th	6th	7th
8th	9th	10th	11th	12th	13th	14th
15th	16th	17th	18th	19th	20th	21st
22nd	23rd	24th	25th	26th	27th	28th
29th	30th	31st				

2. 날씨 쓰기

Weather(날씨) ➡ 우리말 일기에는 날씨를 명사로 쓰지만 영어 일기에는 날씨를 나타내는 형용사를 그대로 써 주면 돼요.

따뜻한	Warm	흐린	Cloudy
맑은, 화창한	Clear, Fine, Bright	바람 부는	Windy
해가 쨍쨍	Sunny	비 오는	Rainy
더운, 몹시 더운	Hot, Very hot	눈 오는	Snowy
추운, 쌀쌀한, 선선한	Cold, Chilly, Cool	습한	Humid

3. 문장 쓰기

Monday, March 5, Fine

The new school (**month / year**) started today.

At first, I felt shy and didn't talk much.

My teacher was (**funny / kindly**) and friendly.

I (**had / made**) friends and talked with my classmate.

I really like my new (**school / class**).

I'm so excited about tomorrow!

① 'I'는 항상 대문자로 써요.

② 문장의 첫 글자는 항상 대문자로 써요.

③ 문장 끝에는 항상 마침표(.), 물음표(?), 느낌표(!)와 같은 문장 부호를 꼭 써요.

오늘의 학습	학습한 날	일기 쓰기 지도 가이드
DAY 01	월　일	
DAY 02	월　일	• 알파벳 대소문자와 문장 부호를 바르게 사용해요.
DAY 03	월　일	• 문장을 쓸 때, 단어 사이에 간격을 일정하게 줘요.
DAY 04	월　일	• 단락을 읽으면서 어색한 표현이나 발음은 다시 듣고 따라 읽어요.
DAY 05	월　일	
DAY 06	월　일	
DAY 07	월　일	• 먼저 본문 단락을 소리 내어 읽고, 따라 쓰기를 시작해요.
DAY 08	월　일	• 따라 쓰는 중, 모르는 단어와 표현은 따로 정리해요.
DAY 09	월　일	• 문장의 의미를 먼저 이해한 후, 제시된 문장을 그대로 보고 써요.
DAY 10	월　일	
인터뷰 1	월　일	• 질문을 먼저 읽어 보고 인터뷰를 해요. 자신에 관해 글을 써 봐요.
DAY 11	월　일	
DAY 12	월　일	• 각 일기에서 가장 좋아하는 표현이 들어간 문장을 외워요.
DAY 13	월　일	• 일기 제목과 삽화를 보며 사건이나 상황을 자신의 말로 이야기해요.
DAY 14	월　일	• 본문 단락의 읽는 속도를 점차 높여서 읽어요.
DAY 15	월　일	

★ 공통 가이드

- [약속] 공부할 시간과 장소, 학습 분량을 미리 함께 정해요.
- [단어 예습] 단어 학습 후, 온라인 단어 테스트지를 활용해 확인해요.
- [단락 읽기] 같은 단락을 천천히 한 번, 정확히 한 번, 빠르게 한 번 읽어 봐요.
- [쓰기 단계] [따라 쓰기 → 보고 쓰기 → 완성하여 쓰기를 단계적으로 연습해요.

DAY 16	월	일	
DAY 17	월	일	• 각 일기에서 가장 쉬운 문장, 가장 짧은 문장을 외워서 써요.
DAY 18	월	일	• 5일씩 모아 대표 동사만 따로 읽어 봐요.
DAY 19	월	일	• 오늘 배운 표현을 활용해 나만의 문장을 새로 써 봐요.
DAY 20	월	일	
인터뷰 2	월	일	• 인터뷰를 정리한 글을 소리 내어 읽어 봐요. 자신에 관해 글을 써 봐요.
DAY 21	월	일	
DAY 22	월	일	• 같은 동사가 쓰인 문장을 찾아 따로 정리해 봐요.
DAY 23	월	일	• 문장과 문장을 이어 주는 말(and, but 등)이 쓰인 문장만 찾아 써 봐요.
DAY 24	월	일	• 순서를 나타내는 말(first, second 등)이 쓰인 문장만 찾아 써 봐요.
DAY 25	월	일	
DAY 26	월	일	
DAY 27	월	일	• 패턴 표현을 이용해서 문장을 직접 만들고 써 봐요.
DAY 28	월	일	• 같은 제목의 서로 다른 일기 두 편을 비교하여 다른 점을 찾아봐요.
DAY 29	월	일	• 같은 제목으로 나만의 일기를 써서 소리 내어 읽어 봐요.
DAY 30	월	일	
인터뷰 3	월	일	• 인터뷰를 정리한 글을 보며 영어로 설명해요. 자신에 관해 글을 써 봐요.

My Vacation Plans

나의 방학 계획

🎧 **일기 듣기** 문장을 잘 듣고, 들은 표현을 골라 보세요.　　🔊 01-01

Monday, January 2, Cold

I made vacation plans today.

My mom encouraged me to write them in a (day / diary).

I like (write / writing) in English.

So I (can / will) keep an English diary.

First, I bought a new notebook.

Writing in English is (so much / much so) fun!

Words

- vacation 방학, 휴가
- make plans 계획을 세우다
- in English 영어로
- keep a diary 일기를 쓰다
- first 먼저, 처음
- notebook 공책
- fun 재미, 재미있는

Verb Check

원형	make	encourage	write	keep	buy
뜻	만들다	권하다	쓰다	유지하다	사다
과거형	made	encouraged	wrote	kept	bought

Day	Date	Weather
,	2,	

1월 2일, 월요일, 추움

1　오늘 방학 계획을 세웠다.　(나는 – 세웠다 – 방학 계획을 – 오늘)

I made

2　엄마가 나에게 일기에 써 보라고 권하셨다.　(엄마가 – 권했다 – 나에게 – 써 보기를 – 그것들을 – 일기에)

3　나는 영어로 글쓰기를 좋아한다.　(나는 – 좋아한다 – 글쓰기를 – 영어로)

4　그래서 영어 일기를 써 볼 것이다.　(그래서 나는 – 써 볼 것이다 – 영어 일기를)

5　먼저 새 공책을 샀다.　(먼저 – 나는 – 샀다 – 새 공책 한 권을)

6　영어로 글쓰기는 정말 재미있다!　(글쓰기는 – 영어로 – ~이다 – 정말 재미있는)

🎧 듣기 정답 diary | writing | will | so much

1

I like writing in English.
나는 영어로 글쓰기를 좋아한다.

＊ write - wrote

- 나는 책 읽기를 좋아한다.　　　　reading books 책 읽기

  I like ________________________________

- 나는 영어 배우기를 좋아한다.　　learning English 영어 배우기

  ____

Tip
'나는 ～를 좋아한다'는 'I like + 목적어(좋아하는 것)'로 표현해요. 목적어는 명사나 동명사(동사원형 + ing)를 쓸 수 있어요. 이때 동명사는 '～하기', '～하는 것'이라고 해석해요.

2

I will keep an English diary.
나는 영어 일기를 써 볼 것이다.

＊ keep - kept

- 나는 계획을 세울 것이다.　　　make plans 계획을 세우다

  I will ________________________________

- 나는 책을 살 것이다.　　　　　buy a book 책을 사다

  ____

Tip
'I will + 동사원형'은 '나는 ～할 것이다'의 의미로 자신의 의지나 결심, 약속을 나타내요. 이때 will 뒤에는 반드시 동사원형을 써야 해요.

3

Writing in English is so much fun!
영어로 글쓰기는 정말 재미있다!

- 그 영화는 정말 재미있다!　　　the movie 그 영화

  ________________________ is so much fun!

- 캠핑은 정말 재미있다!　　　　camping 캠핑

  ____

Tip
'～는 정말 재미있다'는 '주어(재미있는 것) + is so much fun'으로 표현해요. 주어 자리에는 명사나 동명사(동사원형 + ing)를 쓸 수 있어요.

Check up

1 I like (write / **writing**) in English.

2 I (am / **will**) keep an English diary.

3 Writing in English (**is** / are) so much fun!

📖 **일기 써 보기** 배운 표현을 이용하여 새로운 일기를 완성해 보세요. 🔊 01-03

Day	Date	Weather
,	1,	Cold

I   winter vacation   today.

        dad encouraged   to start a book journal.

I   books.

So I   keep a book journal.

First, I   a new   .

Reading books   so much   !

1월 1일, 화요일, 추움

나는 오늘 겨울 방학 계획을 세웠다.

아빠가 나에게 독서 일기를 시작해 보라고 권하셨다.

나는 책 읽기를 좋아한다.

그래서 독서 일기를 써 볼 것이다.

먼저, 새 공책 한 권을 샀다.

책 읽기는 정말 재미있다!

Words

start 시작하다 과 started

book journal 독서 일기

reading books 책 읽기

Reading Books Is Exciting!

책 읽기는 재미있어!

🎧 **일기 듣기** 문장을 잘 듣고, 들은 표현을 골라 보세요. 🔊 02-01

Tuesday, March 12, Bright

I (**go** / **went**) to the library today.

I borrowed (**three** / **four**) adventure books.

I finished reading them in an hour.

The (**books** / **stories**) were so fun and exciting.

I couldn't stop reading!

I am going to (**borrow** / **return**) the books tomorrow.

Words

- library 도서관
- adventure 모험
- hour 시간
- story 이야기
- exciting 흥미진진한

Verb Check

원형	go	borrow	finish	stop	return
뜻	가다	빌리다	끝내다	멈추다	반납하다
과거형	went	borrowed	finished	stopped	returned

Day	Date	Weather
,	12,	

3월 12일, 화요일, 화창함

1 오늘 도서관에 갔다.   (나는 – 갔다 – 도서관에 – 오늘)

I went

2 모험 소설책 3권을 빌렸다.   (나는 – 빌렸다 – 모험 소설책 3권을)

3 1시간 만에 책 읽기를 끝냈다.   (나는 – 끝냈다 – 책(그것들을) 읽기를 – 1시간 만에)

4 이야기가 너무 재미나고 흥미진진했다.   (그 이야기들은 – ~이었다 – 너무 재미있고 흥미진진한)

5 책 읽는 것을 멈출 수가 없었다!   (나는 – 멈출 수가 없었다 – 책 읽는 것을)

6 내일 책을 반납할 것이다.   (나는 – 반납할 예정이다 – 책들을 – 내일)

🎧 듣기 정답 went | three | stories | return

1

I went to the library today.
나는 오늘 도서관에 갔다.

* go-went

- 나는 8시에 학교에 간다.

  I go to ______________________

  school 학교
  at eight 8시에

Tip
'나는 ~에 간다[갔다]'는 'I go [went] to + 명사(장소)'로 표현해요. 전치사 to는 '~에'라는 의미로 뒤에 장소를 써요. 보통 장소 뒤에는 시간 표현을 써요.

- 나는 어제 박물관에 갔다.

  ____

  the museum 박물관
  yesterday 어제

2

I finished reading the books.
나는 책 읽기를 끝냈다.

* finish-finished

- 나는 케이크를 끝냈다(다 먹어치웠다).

  I finished ______________________

  the cake 케이크

Tip
'나는 ~를 끝냈다'는 'I finished + 목적어(명사/동사ing)'로 표현해요. 목적어로 동사가 오는 경우 반드시 '동사원형 + ing'로 써야 해요.

- 나는 내 방 청소를 끝냈다.

  cleaning my room 내 방 청소하기

3

I am going to return the books.
나는 이 책들을 반납할 것이다.

- 나는 영화를 볼 계획이다.

  I am going to ______________________

  watch a movie 영화를 보다

Tip
'I am going to + 동사원형'은 '나는 ~할 것이다'의 의미로, 미리 예정되었거나 계획된 것을 나타내요. 이때 to 뒤에는 반드시 동사원형을 써야 해요.

- 나는 여기서 멈출 것이다.

  stop here 여기서 멈추다

Check up

1 I went (**at** / **to**) the library today.

2 I finished (**read** / **reading**) the books.

3 I am going (**to return** / **returning**) the books.

📖 **일기 써 보기** 배운 표현을 이용하여 새로운 일기를 완성해 보세요. 🔊 02-03

Day	Date	Weather

, 2, Cloudy

I ________ to the school ________ today.

I ________ detective storybooks.

I ________ them in two hours.

The stories were so mysterious and ________ .

I couldn't stop ________ !

I'm ________ to ________ the books this Saturday.

2월 2일, 수요일, 흐림

나는 오늘 학교 도서관에 갔다.

나는 탐정 소설책 2권을 빌렸다.

나는 두 시간 만에 책 읽기를 끝냈다.

그 이야기는 너무 신비스럽고 흥미진진했다.

책 읽는 것을 멈출 수가 없었다!

나는 이번 토요일에 책을 반납할 것이다.

Words

school library 학교 도서관
detective 탐정
mysterious 신비스러운
Saturday 토요일

My Cute Brother

나의 귀여운 동생

🎧 **일기 듣기** 문장을 잘 듣고, 들은 표현을 골라 보세요. 🔊 03-01

Saturday, May 23, Warm

I spent the afternoon with my (**sister** / **brother**) today.

I had to take care of him (**so** / **because**) my parents went out.

He followed me around.

I tried my best to make him (**happy** / **sad**).

We played hide-and-seek and built a Lego ship together.

My brother is so (**kind** / **cute**).

Words

- have to ~해야만 한다
- take care of ~를 돌보다
- go out 외출하다
- follow around 졸졸 따라다니다
- best 최선
- hide-and-seek 숨바꼭질
- together 함께
- cute 귀여운

Verb Check

원형	spend	follow	try	play	build
뜻	보내다	따르다	노력하다	놀다	짓다
과거형	spent	followed	tried	played	built

Day	Date	Weather
,	23,	5월 23일, 토요일, 따뜻함

1 나는 오늘 오후를 동생과 보냈다. (나는 – 보냈다 – 오후를 – 동생과 – 오늘)

I spent

2 부모님이 외출을 하셨기 때문에 내가 동생을 돌봐야 했다. (내가 – 돌봐야 했다 – 동생을 – 왜냐하면 부모님이 – 외출했다)

3 동생은 나를 졸졸 따라다녔다. (그는 – 따라다녔다 – 나를 – 졸졸)

4 나는 동생이 즐겁도록 최선을 다했다. (나는 – 노력했다 – 최선을 – 동생을 즐겁게 해 주려고)

5 우리는 숨바꼭질을 하고 레고 배도 함께 만들었다. (우리는 – 했다 – 숨바꼭질을 – 그리고 만들었다 – 레고 배를 – 함께)

6 내 동생은 정말 귀엽다. (내 동생은 – ~이다 – 정말 귀여운)

🎧 듣기 정답 brother | because | happy | cute

1

I spent the afternoon with my brother.
나는 동생과 오후를 보냈다.

* spend-spent

● 나는 우리 가족과 휴일을 보낸다.

I spend ＿＿＿＿＿＿ with ＿＿＿＿＿＿

a holiday 휴일
my family 우리 가족

● 나는 내 친구들과 2시간을 보냈다.

two hours 2시간
my friends 내 친구들

> **Tip**
> '나는 (누구)와 (시간)을 보낸다[보냈다]'는 'I spend[spent] + 목적어(시간) + with 사람'으로 표현해요. 전치사 with는 '～와 함께'라는 의미로 with 뒤에는 사람을 써요.

2

I had to take care of him.
나는 그를 돌봐야 했다.

* have to-had to

● 나는 숙제를 해야 한다.

I have to ＿＿＿＿＿＿＿＿

do my homework 숙제를 하다

● 나는 약을 먹어야 했다.

take some medicine 약을 먹다

> **Tip**
> 'I have[had] to + 동사원형'은 '나는 ～해야 한다[했다]'의 의미로, 의무를 나타내는 표현이에요. to 뒤에는 반드시 동사원형을 써야 해요. have to는 must로도 바꿔 쓸 수 있어요.

3

I tried my best to make him happy.
나는 그를 즐겁게 해 주기 위해 최선을 다했다.

* try-tried

● 나는 이기기 위해 최선을 다한다.

I try my best to ＿＿＿＿＿＿＿＿

win 이기다

> **Tip**
> '나는 ～하기 위해 최선을 다하다[다했다]'는 'I try[tried] my best to + 동사원형'으로 표현해요.

● 나는 규칙을 따르려고 최선을 다했다.

follow the rules 규칙을 따르다

1 (Me spending / I spent) the afternoon (with / for) my brother.

2 I (had / had to) take care of him.

3 I tried my best (to make / make) him happy.

📖 **일기 써 보기** 배운 표현을 이용하여 새로운 일기를 완성해 보세요. 🔊 03-03

Day	Date	Weather
,	3,	Bright

I ___ the morning with my sister today.

I had to ___ care of her ___ my parents were busy.

She ___ me around.

I ___ my ___ to make her laugh.

We played games and ___ a Lego castle ___.

My ___ so sweet.

3월 3일, 일요일, 화창함

나는 오늘 아침 여동생과 시간을 보냈다.

부모님이 바쁘셔서 내가 동생을 돌봐야 했다.

동생은 나를 졸졸 따라다녔다.

나는 동생을 웃게 하려고 최선을 다했다.

우리는 게임도 하고 레고 성을 함께 쌓았다.

내 동생은 정말 다정하다.

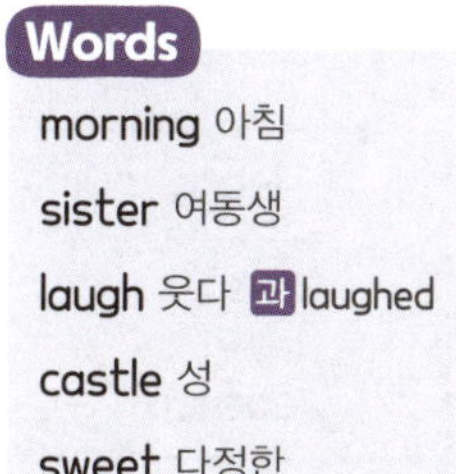

Words

morning 아침

sister 여동생

laugh 웃다 과 laughed

castle 성

sweet 다정한

My New Hobby

나의 새로운 취미

일기 듣기 문장을 잘 듣고, 들은 표현을 골라 보세요. 04-01

Saturday, June 14, Sunny

My sister bought an origami book today.

I am (**bad** / **good**) at making things.

We folded paper cranes and a (**paper** / **picture**) airplane.

It's fun to (**buy** / **learn**) new things.

Tomorrow, I'm going to fold a flower.

From today, my new (**hobby** / **habit**) is origami.

Words

- origami 종이접기
- thing 물건, 것
- paper 종이
- crane 학, 두루미
- airplane 비행기
- fun 재미, 재미있는
- flower 꽃
- hobby 취미

Verb Check

원형	buy	be	make	fold	learn
뜻	사다	있다, ~이다	만들다	접다	배우다
과거형	bought	was/were	made	folded	learned

Day	Date	Weather
,	14,	6월 14일, 토요일, 해가 쨍쨍

1 오늘 언니가 종이접기 책을 샀다.　(언니가 – 샀다 – 종이접기 책을 – 오늘)

My sister bought

2 나는 만들기를 잘한다.　(나는 – ～이다 – ～에 능숙한 – 만들기)

3 우리는 종이학과 종이비행기를 접었다.　(우리는 – 접었다 – 종이학과 종이비행기를)

4 새로운 걸 배우는 것은 재미있다.　(～이다 – 재미있는 – 새로운 것을 배우는 것은)

5 내일은 꽃을 접어 봐야겠다.　(내일은 – 나는 – 접어볼 것이다 – 꽃을)

6 오늘부터 나의 새로운 취미는 종이접기이다.　(오늘부터 – 나의 새로운 취미는 – ～이다 – 종이접기)

🎧 듣기 정답 good | paper | learn | hobby

1

I am good at making things.
나는 만들기를 잘한다.

● 나는 노래를 잘 부른다.　　　　　　　　　singing 노래하기

I am good at ______________________

● 나는 그림을 잘 그린다.　　　　　　　　　drawing 그림 그리기

____

Tip
'나는 ~를 잘한다'는 'I am good at + 명사/동사ing'로 표현해요. 전치사 at 뒤에는 명사나 동명사(동사원형 + ing) 형태를 써야 해요.

2

It's fun to learn new things.
새로운 걸 배우는 것은 재미있다.

● 새를 관찰하는 것은 재미있다.　　　　　　watch birds 새를 관찰하다

It's fun to ______________________

● 영어를 공부하는 것은 재미있다.　　　　　study English 영어를 공부하다

____

Tip
'~하는 것은 재미있다'는 'It's fun to + 동사원형'으로 표현해요. It's는 It is를 줄인 말이에요. It은 해석하지 않고 to 이하를 주어처럼 해석해요. to 뒤에는 반드시 동사원형을 써야 해요.

3

My new hobby is origami.
나의 새로운 취미는 종이접기이다.

● 나의 새로운 취미는 새 그리기이다.　　　　drawing birds 새 그리기

My new hobby is ______________________

● 나의 새로운 취미는 춤추기이다.　　　　　dancing 춤추기

____

Tip
'나의 새로운 취미는 ~이다'는 'My new hobby is + 보어'로 표현해요. 동사 is 뒤에 보어로 명사나 동명사(동사원형 + ing) 형태를 써서 취미를 표현해요.

Check up

1 I am (good at / good by) making things.

2 (It / It's) fun (to learn / learn) new things.

3 My (hobby new / new hobby) is origami.

📖 **일기 써 보기** 배운 표현을 이용하여 새로운 일기를 완성해 보세요. 🔊 04-03

Day	Date	Weather
,	4,	Warm

I   a new sketchbook   .

I'm   at   .

I drew some cranes and parrots.

It's   to watch birds.

Tomorrow, I'm   to draw more   .

From today, my new   drawing birds.

Words

sketchbook 스케치북

drawing 그리기

draw 그리다 과 drew

parrot 앵무새

watch 관찰하다 과 watched

4월 4일, 금요일, 따뜻함

오늘 새 스케치북을 샀다.

나는 그림을 잘 그린다.

학 몇 마리와 앵무새를 그렸다.

새를 관찰하는 것은 재미있다.

내일은 더 많은 새를 그려 봐야겠다.

오늘부터 나의 새로운 취미는 새를 그리는 것이다.

The New School Year

새 학년

🎧 **일기 듣기** 문장을 잘 듣고, 들은 표현을 골라 보세요.   🔊 05-01

Monday, March 5, Fine

The new school (month / year) started today.

At first, I felt shy and didn't talk much.

My teacher was (funny / kindly) and friendly.

I (had / made) friends and talked with my classmate.

I really like my new (school / class).

I'm so excited about tomorrow!

Words

- school year 학년
- at first 처음에는
- shy 수줍은
- funny 재미있는, 웃기는
- friendly 친절한
- make friends 친구를 사귀다
- excited 신이 난

Verb Check

원형	start	feel	talk	make	like
뜻	시작하다	느끼다	이야기하다	만들다	좋아하다
과거형	started	felt	talked	made	liked

Day	Date	Weather
,	5,	3월 5일, 월요일, 맑음

1 오늘 새 학년이 시작되었다. (새 학년이 – 시작되었다 – 오늘)

The new school year

2 처음에 쑥스러워 말을 많이 하지 않았다. (처음에 – 나는 – 느꼈다 – 부끄러운 – 그리고 말을 안 했다 – 많이)

3 우리 선생님은 재미있고 다정하셨다. (우리 선생님은 – ~이었다 – 재미있고 다정한)

4 친구들도 사귀고 짝꿍과 이야기를 나눴다. (나는 – 사귀었다 – 친구들을 – 그리고 이야기했다 – 반 친구와)

5 나는 새 반이 정말 마음에 든다. (나는 – 정말로 좋아한다 – 나의 새 반을)

6 내일이 무척 기대된다! (나는 ~이다 – 매우 흥분되는 – 내일에 대해)

🎧 듣기 정답 year | funny | made | class

---

①

The new school year started today.

오늘 새 학년이 시작되었다.

＊ start-started

- 오늘 여름 방학이 시작되었다.

　summer vacation 여름 방학

_______________________ started today.

- 오늘 장마가 시작되었다.

　the rainy season 장마

> **Tip**
> 오늘 ~가 시작되었다'는 '주어 + started today'라고 표현해요. today(오늘) 대신에 yesterday(어제), two days ago(이틀 전에) 등 과거를 나타내는 시간 표현들을 쓸 수 있어요.

---

②

I really like my new class.

나는 새 반이 정말 마음에 든다.

- 나는 새 신발이 정말 마음에 든다.

　my new shoes 나의 새 신발

I really like _______________________

- 나는 새 헤어스타일이 정말 마음에 든다.

　my new hairstyle 나의 새 헤어스타일

> **Tip**
> '나는 ~가 정말 마음에 든다(~를 정말 좋아한다)'는 'I really like + 목적어(좋아하는 것)'로 표현해요. 목적어 자리에는 명사나 동명사를 써요.

---

③

I'm so excited.

나는 무척 기대된다.

- 나는 무척 미안하다.

　sorry 미안한

I'm so _______________________

- 나는 무척 행복하다.

　happy 행복한

> **Tip**
> '나는 무척 (기분/감정/상태가) ~하다'는 'I'm so + 보어(형용사)'로 현재의 기분이나 감정, 상태를 표현해요. I'm은 I am의 줄임말이에요.

Check up

1 The new school year (start / started) today.

2 I (like really / really like) my new class.

3 (I'm so / I so) excited.

📖 **일기 써 보기** 배운 표현을 이용하여 새로운 일기를 완성해 보세요.   🔊 05-03

Day	Date	Weather
	, 5,	Hot and Sunny

My summer ________________________ today.

I was so excited and talked a lot.

I went ________________ with my mom.

I bought a new ____________ and sneakers.

I ____________ like my new ____________ .

I'm so ____________ !

Words

summer vacation 여름 방학

a lot 많이

go shopping 쇼핑하러 가다 [과] went shopping

dress 드레스, 원피스

sneakers 운동화

8월 5일, 월요일, 덥고 맑음

오늘 여름 방학이 시작되었다.

나는 너무 신이 나서 말을 많이 했다.

엄마와 쇼핑하러 갔다.

새 원피스와 운동화를 샀다.

새 신발이 정말 마음에 든다.

무척 행복하다!

I Got Up Late!

늦잠을 자 버렸다!

🎧 **일기 듣기** 문장을 잘 듣고, 들은 표현을 골라 보세요. 🔊 06-01

Thursday, April 10, Sunny

I got up (**early** / **late**) this morning.

I didn't have time for (**breakfast** / **lunch**).

I usually (**run** / **walk**) to school.

But I ran to school today.

Luckily, I arrived (**after** / **before**) the bell rang.

Tomorrow, I will get up (**early** / **late**).

Words

- **late** 늦게
- **this morning** 오늘 아침
- **usually** 보통
- **luckily** 다행히
- **tomorrow** 내일
- **early** 일찍

Verb Check

원형	get up	have	walk	run	arrive	ring
뜻	일어나다	가지다	걷다	뛰다	도착하다	울리다
과거형	got up	had	walked	ran	arrived	rang

Day	Date	Weather
,	10,	

4월 10일, 목요일, 맑음

1 오늘 아침에 늦잠을 잤다. (나는 – 일어났다 – 늦게 – 오늘 아침에)

I got up

2 아침을 먹을 시간도 없었다. (나는 – 없었다 – 시간이 – 아침을 위한)

3 보통 걸어서 학교에 간다. (나는 – 보통 – 걷는다 – 학교까지)

4 그러나 오늘은 학교로 뛰어갔다. (그러나 나는 – 뛰어갔다 – 학교로 – 오늘)

5 다행히, 종이 울리기 전에 도착했다. (다행히 – 나는 – 도착했다 – 종이 울기 전에)

6 내일은 일찍 일어나야지. (내일 – 나는 – 일어날 것이다 – 일찍)

🎧 듣기 정답 late | breakfast | walk | before | early

❶ I didn't have time for breakfast.
* don't have–didn't have

나는 아침을 먹을 시간이 없었다.

- 나는 운동할 시간이 없다. 　a workout 운동

  I don't have time for ＿＿＿＿＿＿＿＿

- 나는 점심 먹을 시간이 없었다. 　lunch 점심

  ＿＿＿＿＿＿＿＿＿＿＿＿＿＿＿＿

Tip
'나는 ~할 시간이 없다[없었다]'는 'I don't[didn't] have time for + 명사'로 표현해요. 전치사 for는 '~를 위한'이라는 의미로 목적을 나타내요.

❷ I usually walk to school.

나는 보통 걸어서 학교에 간다.

- 나는 보통 일찍 일어난다. 　get up early 일찍 일어나다

  I usually ＿＿＿＿＿＿＿＿＿＿＿

- 나는 보통 저녁에 공부한다. 　study in the evening 저녁에 공부하다

  ＿＿＿＿＿＿＿＿＿＿＿＿＿＿＿＿

Tip
'I usually + 동사'는 '나는 보통(대개) ~한다'의 의미로, 현재의 습관을 표현해요. usually 대신에 always(항상), often(종종), sometimes(때때로) 등을 쓸 수 있어요.

❸ Luckily, I arrived before the bell rang.
* arrive–arrived

다행히, 나는 종이 울리기 전에 도착했다.

- 다행히, 나는 해가 지기 전에 도착했다. 　before the sun set 해가 지기 전에

  Luckily, I arrived ＿＿＿＿＿＿＿＿

- 다행히, 나는 제시간에 도착했다. 　in time 제시간에

  ＿＿＿＿＿＿＿＿＿＿＿＿＿＿＿＿

Tip
'Luckily, I arrived before 주어 + 동사'는 '다행히, 나는 ~전에 도착했다'의 의미예요. 'before 주어 + 동사' 대신에 in time(제시간에) 같은 다른 시간 표현도 쓸 수 있어요.

1 I didn't have time (**for** / in) breakfast.

2 I (walk usually / **usually walk**) to school.

3 (Lucky / **Luckily**), I (arriving / **arrived**) before the bell rang.

📖 **일기 써 보기**   배운 표현을 이용하여 새로운 일기를 완성해 보세요.   🔊 06-03

Day	Date	Weather
,	6,	Cloudy

Today, I woke up   .

I didn't have   for   .

I   go to bed   .

But I stayed up late last night.

Luckily, I   at school   it started.

Tonight, I'll   to bed   .

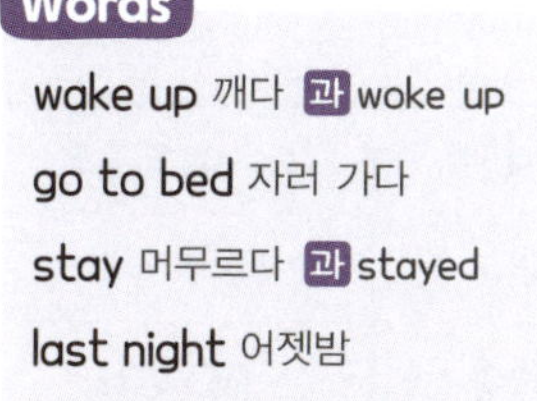

Words

wake up 깨다 과 woke up

go to bed 자러 가다

stay 머무르다 과 stayed

last night 어젯밤

tonight 오늘 밤

5월 6일, 수요일, 흐림

오늘은 늦게 일어났다.

아침을 먹을 시간도 없었다.

보통은 일찍 잠자리에 든다.

그러나 어젯밤에는 늦게까지 자지 않고 있었다.

다행히, 학교가 시작하기 전에 도착했다.

오늘 밤에는 일찍 잘 것이다.

We Are Still Good Friends

우리는 여전히 좋은 친구야

Wednesday, April 12, Windy

Today, I (have / had) an argument with Minho.

I played a prank on (him / her).

But he got really annoyed.

I never thought he would be (sad / angry).

I said (hello / sorry) first, and we made up.

I need to think first before I act.

Words

- argument 말다툼
- play a prank on ~에게 장난치다
- annoyed 짜증 난
- would ~일 것이다
- say sorry 사과하다

Verb Check

원형	get	think	say	make up	need	act
뜻	~되다	생각하다	말하다	화해하다	필요하다	행동하다
과거형	got	thought	said	made up	needed	acted

Day	Date	Weather
,	12,	4월 12일, 수요일, 바람 붐

1 오늘 민호와 다퉜다. (오늘 – 나는 – 가졌다 – 말다툼을 – 민호와)

Today, I had

2 나는 민호에게 장난을 쳤다. (나는 – 쳤다 – 장난을 – 그에게)

3 그런데 민호는 무척 짜증을 냈다. (그런데 그는 – 하게 되었다 – 무척 짜증난)

4 민호가 화낼 거라고 생각하지 못했다. (나는 – 결코 생각하지 못했다 – 그가 – ~일 것이다 – 화가 난)

5 내가 먼저 사과했고, 우리는 화해했다. (나는 – 말했다 – 미안하다고 – 먼저 – 그리고 우리는 – 화해했다)

6 행동하기 전에 먼저 생각부터 해야겠다. (나는 – 필요하다 – 먼저 생각하기 – 행동하기 전에)

🎧 듣기 정답 had | him | angry | sorry

①

I had an argument with Minho.
나는 민호와 다퉜다.

* have-had

- 나는 형과 다퉜다. my brother 나의 형

  I had an argument with ____________________

- 나는 엄마와 말다툼을 했다. my mom 나의 엄마

  ____

> **Tip**
> '나는 ~와 다퉜다(말다툼을 했다)'
> 는 'I had an argument with +
> 명사'로 표현해요. 전치사 with 뒤
> 에는 다툰 대상을 써요.

②

I never thought he would be angry.
나는 그가 화낼 거라고 생각도 못 했다.

* think-thought

- 나는 네가 슬플 거라고 생각도 못 했다.
  you would be sad 네가 슬플 거다

  I never thought ____________________

- 나는 그녀가 이길 거라고 생각도 못 했다. she would win 그녀가 이길 거다

  ____

> **Tip**
> 나는 ~할 거라고 (전혀) 생각도 못
> 했다'는 'I never thought (that)
> 주어 + would + 동사원형'으로
> 표현해요. 동사 thought 뒤에 접
> 속사 that은 생략할 수 있어요.

③

I need to think first.
나는 먼저 생각해야 한다.

- 나는 잠을 좀 자야 한다. get some sleep 잠을 좀 자다

  I need to ________________________

- 나는 5시까지 도착해야 한다. arrive by five 5시까지 도착하다

  ____

> **Tip**
> '나는 ~해야 한다(~해야겠다, ~할
> 필요가 있다)'는 'I need to + 동
> 사원형'으로 표현해요.

1 I had (a / an) argument (to / with) Minho.

2 I (never / no) thought he would (is / be) angry.

3 I need (think / to think) first.

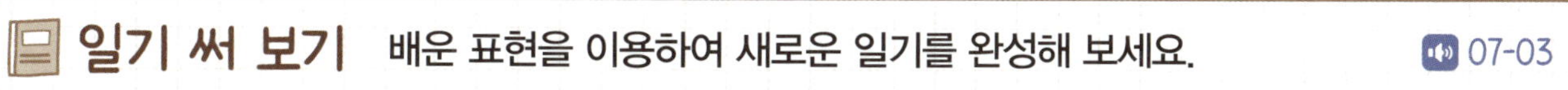

📖 **일기 써 보기** 배운 표현을 이용하여 새로운 일기를 완성해 보세요. 🔊 07-03

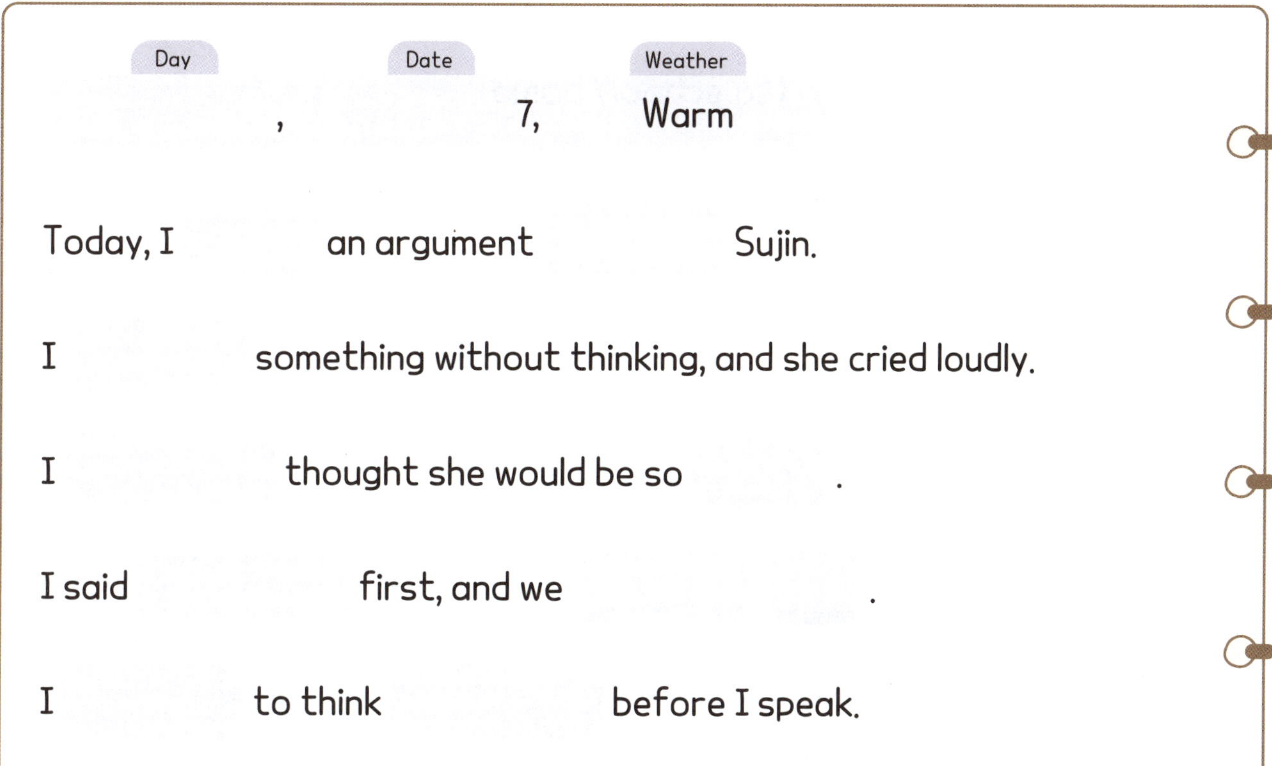

Day	Date	Weather
,	7,	Warm

Today, I ______ an argument ______ Sujin.

I ______ something without thinking, and she cried loudly.

I ______ thought she would be so ______ .

I said ______ first, and we ______ .

I ______ to think ______ before I speak.

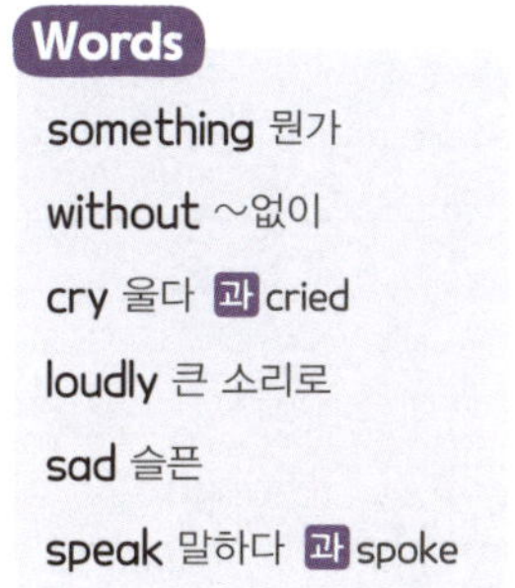

Words

something 뭔가

without ~없이

cry 울다 과 cried

loudly 큰 소리로

sad 슬픈

speak 말하다 과 spoke

5월 7일, 토요일, 따뜻함

오늘 나는 수진이와 말다툼을 했다.

나는 아무 생각 없이 말을 했는데, 그녀는 큰 소리로 울었다.

나는 수진이가 그렇게 슬퍼할 줄은 몰랐다.

내가 먼저 미안하다고 사과했고, 우리는 화해했다.

나는 말하기 전에 먼저 생각부터 해야겠다.

I'm So Sorry, Mom!

엄마, 정말 죄송해요!

🎧 **일기 듣기** 문장을 잘 듣고, 들은 표현을 골라 보세요.   🔊 08-01

Friday, March 20, Cloudy

I (found / lost) my bike in the park today.

I felt terrible on my way (to school / home).

I left my umbrella on the (bus / car) yesterday.

My mom tried not to get mad.

I'm so sorry, Mom!

I think I should be more (careful / care).

Words

- park 공원
- terrible 기분이 안 좋은
- on my way home 집에 오는 길에
- umbrella 우산
- get mad 화를 내다
- careful 조심하는

Verb Check

원형	lose	feel	leave	try	think
뜻	잃다	느끼다	두고 오다	노력하다	생각하다
과거형	lost	felt	left	tried	thought

Day	Date	Weather
,	20,	3월 20일, 금요일, 흐림

1 오늘 공원에서 자전거를 잃어버렸다. (나는 – 잃어버렸다 – 자전거를 – 공원에서 – 오늘)

I lost

2 집에 오는 길에 나는 기분이 안 좋았다. (나는 – 느꼈다 – 기분이 안 좋은 – 집에 오는 길에)

3 어제는 버스에 우산을 두고 내렸다. (나는 – 두고 왔다 – 우산을 – 버스에 – 어제)

4 엄마는 화를 내지 않으려고 애쓰셨다. (엄마는 – 애쓰셨다 – 화를 내지 않으려고)

5 엄마, 정말 죄송해요! (나는 ~이다 – 정말 미안한 – 엄마)

6 좀 더 조심해야 할 것 같다. (나는 – 생각한다 – 난 – ~이어야 한다 – 좀 더 조심하는)

🎧 듣기 정답 lost | home | bus | careful

1

I lost my bike.
나는 자전거를 잃어버렸다.

* lose-lost

- 나는 여권을 잃어버렸다.

  I lost _______________________________

  my passport 내 여권

  Tip
  '나는 ~를 잃어버렸다(잃었다)'는
  'I lost + 목적어(잃어버린 것)'로
  표현해요.

- 나는 이어폰을 잃어버렸다.

  my earphones 내 이어폰

  ____

2

I felt terrible.
나는 기분이 안 좋았다.

* feel-felt

- 나는 기분이 좋았다.

  I felt _______________________________

  good 좋은

  Tip
  '나는 기분이 ~했다'는 'I felt +
  보어(형용사)'로 표현해요.

- 나는 기분이 나빴다.

  bad 나쁜

  ____

3

I think I should be more careful.
나는 좀 더 조심해야 할 것 같다.

- 나는 지금 떠나야 할 것 같다.

  I think I should _______________________________

  leave now 지금 떠나다

  Tip
  'I think I should + 동사원형'은
  '나는 ~해야 할 것 같다'의 의미
  로, 나에게 하는 충고를 나타내
  요. 조동사 should는 그 뒤에 반
  드시 동사원형을 써야 해요.

- 내가 너에게 말해야 할 것 같다.

  tell you 너에게 말하다

  ____

Check up

1 I (was lost / lost) my bike.

2 I (felt / made) terrible.

3 I think I should (am / be) more careful.

📖 **일기 써 보기** 배운 표현을 이용하여 새로운 일기를 완성해 보세요.　🔊 08-03

Day	Date	Weather
	8,	Rainy

I   my earphones at   today.

I   bad on my way   .

I   my pencil case in the   yesterday.

My mom   not to get   .

I'm so   , Mom!

I think I   be more   .

Words

pencil case 필통

library 도서관

6월 8일, 금요일, 비가 옴

오늘 학교에서 이어폰을 잃어버렸다.

집에 오는 길에 기분이 안 좋았다.

어제는 필통을 도서관에 두고 왔다.

엄마는 화를 내지 않으려고 애쓰셨다.

엄마, 정말 미안해요!

좀 더 조심해야 할 것 같다.

My New Bike

나의 새 자전거

🎧 **일기 듣기** 문장을 잘 듣고, 들은 표현을 골라 보세요. 🔊 09-01

Tuesday, July 2, Fine

I went (**walking** / **shopping**) for a bike with my dad.

I picked a (**blue** / **red**) one.

It's a popular model these days.

I am happy with my new (**helmet** / **bike**).

My (**sister** / **friend**) Mina has the same one, too.

I'll ask her to go cycling with me.

Words

- go shopping 쇼핑하러 가다
- popular 인기 있는
- model 모델
- these days 요즘
- same 똑같은
- cycling 자전거 타기

Verb Check

원형	go	pick	be	have	ask
뜻	가다	고르다	있다, ~이다	가지다	요청하다
과거형	went	picked	was/were	had	asked

Day	Date	Weather
,	2,	

7월 2일, 화요일, 맑음

1 나는 아빠와 자전거를 사러 갔다.　(나는 – 사러 갔다 – 자전거를 – 아빠와)

I went

2 난 파란색 자전거를 골랐다.　(나는 – 골랐다 – 파란색 자전거를)

3 그것은 요즘 인기 있는 모델이다.　(그것은 ～이다 – 유행하는 모델 – 요즘)

4 새 자전거가 마음에 든다.　(나는 – ～이다 – 마음에 드는 – 나의 새 자전거가)

5 내 친구 미나도 똑같은 자전거를 가지고 있다.　(내 친구 미나는 – 가지고 있다 – 똑같은 자전거를 – 역시)

6 미나에게 자전거 타러 가자고 해야겠다.　(나는 요청할 것이다 – 그녀에게 – 나와 자전거 타러 가자고)

🎧 듣기 정답 shopping | blue | bike | friend

1

I went shopping for a bike.
나는 자전거를 사러 갔다.

* go-went

- 나는 스키 타러 간다.

  I go ___________________________________

  skiing 스키 타기

  Tip
  '나는 ~하러 간다[갔다]'는 'I go [went] + 동사ing'로 표현해요.

- 나는 수영하러 갔다.

  swimming 수영하기

  ____

2

It's a popular model these days.
요즘 유행하는 모델이다.

- 요즘 인기가 많은 색상이다.

  It's a popular ___________________ these days.

  color 색상

  Tip
  '(그것은) 요즘 유행하는(인기가 많은) ~이다'는 'It's a popular + 명사 these days'로 표현해요. 명사 자리에 model(모델), style(스타일), color(색상), brand(브랜드) 등을 쓸 수 있어요.

- 요즘 유행하는 스타일이다.

  style 스타일

  ____

3

I am happy with my new bike.
나는 나의 새 자전거가 마음에 든다.

- 나는 나의 선택이 마음에 든다.

  I am happy with ___________________________________

  my choice 나의 선택

  Tip
  '나는 ~가 마음에 든다'는 'I am happy with + 명사(만족하는 것)'로 표현해요. 전치사 with 뒤에는 명사를 써요.

- 나는 나의 새 집이 마음에 든다.

  my new house 나의 새 집

  ____

1 I went (**shop** / **shopping**) for a bike.

2 (**It's** / **They're**) a popular model these (**today** / **days**).

3 I am happy (**with** / **for**) my new bike.

📖 **일기 써 보기** 배운 표현을 이용하여 새로운 일기를 완성해 보세요. 🔊 09-03

Day	Date	Weather

,   9,   Hot and Humid

I   shopping   a swimsuit   my mom.

I   a navy blue one.

It's a   these days.

I am   with my choice.

My   Minho has one in red.

I'll ask him to   with me tomorrow.

8월 9일, 목요일, 덥고 습함

나는 엄마와 수영복을 사러 갔다.

난 남색 수영복을 골랐다.

요즘 인기가 많은 색상이다.

나는 내 선택에 만족한다.

내 친구 민호는 빨간색 수영복을 가지고 있다.

내일 민호에게 나와 수영하러 가자고 할 것이다.

Words

swimsuit 수영복

navy blue 남색

go swimming 수영하러 가다

My Friend's Birthday Party

내 친구의 생일 파티

🎧 **일기 듣기** 문장을 잘 듣고, 들은 표현을 골라 보세요.　　🔊 10-01

Wednesday, April 10, Fine

It was Mina's birthday today.

I was (called / invited) to her birthday party.

I bought a (doll / book) for her.

I was happy that she liked my present.

We enjoyed yummy (fruit / food) and fun games.

We had a great (time / team) at the party!

Words

- birthday 생일
- doll 인형
- present 선물
- food 음식
- great 정말 좋은

Verb Check

원형	invite	buy	like	enjoy	have
뜻	초대하다	사다	좋아하다	즐기다	가지다
과거(분사)형	invited	bought	liked	enjoyed	had

Day	Date	Weather

, 10,   4월 10일, 수요일, 맑음

1 오늘은 미나의 생일이었다. (날이었다 – 미나의 생일 – 오늘)

It was

2 나는 미나의 생일 파티에 초대받았다. (나는 – 초대받았다 – 그녀의 생일 파티에)

3 나는 그녀를 위해 인형을 샀다. (나는 – 샀다 – 인형을 – 그녀를 위해)

4 미나가 내 선물을 좋아해서 기분이 좋았다. (나는 – ～이었다 – 기쁜 – 그녀가 좋아해 줘서 – 내 선물을)

5 우리는 맛있는 음식과 재미있는 게임을 즐겼다. (우리는 – 즐겼다 – 맛있는 음식과 재미있는 게임을)

6 우리는 파티에서 즐거운 시간을 보냈다! (우리는 – 가졌다 – 즐거운 시간을 – 파티에서)

🎧 듣기 정답 invited | doll | food | time

❶ It was Mina's birthday today.
오늘은 미나의 생일이었다.

* is-was

- 오늘은 어린이날이다.   Children's Day 어린이날

  It is _________________________ today.

- 오늘은 나의 11번째 생일이다.   my 11th birthday 나의 11번째 생일

Tip
'오늘은 ～날이다[날이었다]'는 'It is[was] + 명사 + today'로 명절이나 특별한 날을 표현해요. today 대신 yesterday(어제) 같은 다른 시간 표현을 쓸 수 있어요.

---

❷ I bought a doll for her.
나는 그녀를 위해 인형을 샀다.

* buy-bought

- 나는 엄마를 위해 꽃을 산다.   flowers 꽃 / my mom 나의 엄마

  I buy _________________ for _____________

- 나는 친구를 위해 선물을 샀다.   a gift 선물 / my friend 내 친구

Tip
'나는 B로(B를 위해) A를 산다[샀다]'는 'I buy[bought] A for B'로 표현해요. A에는 산 물건, B에는 누구(사람)나 무엇(이유)을 위한 것인지를 명사로 써요.

---

❸ We enjoyed yummy food and fun games.
우리는 맛있는 음식과 재미있는 게임을 즐겼다.

* enjoy-enjoyed

- 우리는 휴가를 즐긴다.   our vacation 휴가

  We enjoy _________________________

- 우리는 축구하는 것을 즐겼다.   playing soccer 축구를 하는 것

Tip
'우리는 ～를 즐긴다[즐겼다]'는 'We enjoy[enjoyed] + 목적어(즐기는 것)'로 표현해요. 목적어는 명사 또는 동명사(동사원형 + ing)를 써요.

Check up

1 It (has / was) Mina's birthday today.

2 I (bought / buying) a doll (for / to) her.

3 We (enjoyed / to enjoy) yummy food and fun games.

📖 일기 써 보기 배운 표현을 이용하여 새로운 일기를 완성해 보세요. 🔊 10-03

Day	Date	Weather
,	10,	Cloudy

It was Leo's   .

I was   to his birthday   .

I   a soccer ball   him.

I   that he loved my present.

We   cake and board games.

We had great fun at the   !

6월 10일, 화요일, 흐림

오늘은 레오의 생일이었다.

나는 레오의 생일 파티에 초대받았다.

나는 레오를 위해 축구공을 샀다.

레오가 내 선물을 좋아해서 기뻤다.

우리는 케이크와 보드게임을 즐겼다.

파티에서 정말 즐거웠다!

Words

soccer ball 축구공

board games 보드게임

BIRTHDAY INTERVIEW

An Interview with My Family!

● 생신을 맞은 부모님 중 한 분을 인터뷰하고 대답을 써 보세요.

Questions	Answers
1 What's your name? 이름이 뭐예요?	I am ___ ___ . First Name Last Name
2 How old are you? 몇 살이세요?	I am ___ years old. Number
3 When were you born? 언제 태어나셨어요?	I was born in ___ . Year
4 What's your favorite food? 가장 좋아하는 음식은 뭐예요?	I love ___ . Food Name
5 What's your favorite color? 가장 좋아하는 색은 뭐예요?	My favorite color is ___ . Color Name
6 What's your favorite song? 가장 좋아하는 노래는 뭐예요?	I enjoy listening to " ___ " . Song Title
7 Who is your best friend? 가장 친한 친구는 누구예요?	My best friend is ___ . Friend's Name

 생일을 맞은 사람에게 질문을 던져서 그 사람의 생각, 감정, 관심사 등을 기록해 보세요.

● 인터뷰한 내용을 정리해서 써 보세요.

Day	Date	Weather

,   ,

is my   .

First Name   Last Name   Relationship

is   years old.

He or She   Number

was born in   .

He or She   Year

loves   .

He or She   Food Name

favorite color is   .

His or Her   Color Name

enjoys listening to "   ".

He or She   Song Title

best friend is   .

His or Her   Friend's Name

Happy Parents' Day!

DAY 11

어버이날 축하합니다!

🎧 **일기 듣기** 문장을 잘 듣고, 들은 표현을 골라 보세요. 🔊 11-01

Thursday, May 8, Warm

It's Parents' Day today.

I (**went** / **wanted**) to give my parents a special gift.

But I didn't have much (**time** / **money**).

So I made a big thank-you card and (**paper** / **pen**) carnations.

They were very pleased and thanked me.

It was so nice to see their happy (**faces** / **eyes**).

Words

- parent 부모
- special 특별한
- thank-you card 감사 카드
- carnation 카네이션
- pleased 기뻐하는

Verb Check

원형	want	give	make	thank	see
뜻	원하다	주다	만들다	고마워하다	보다
과거형	wanted	gave	made	thanked	saw

Day	Date	Weather

,   8,   5월 8일, 목요일, 따뜻함

1 오늘은 어버이날이다.   (날이다 – 어버이날 – 오늘은)

It's

2 나는 부모님께 특별한 선물을 드리고 싶었다.   (나는 – 원했다 – 주는 것을 – 부모님께 – 특별한 선물을)

3 하지만 돈이 많지 않았다.   (하지만 나는 – 가지고 있지 않았다 – 많은 돈을)

4 그래서 나는 큰 감사 카드와 종이 카네이션을 만들었다.   (그래서 나는 – 만들었다 – 큰 감사 카드와 종이 카네이션을)

5 부모님은 아주 기뻐하셨고, 고맙다고 하셨다.   (그들은 – ~이었다 – 아주 기쁜 – 그리고 고마워 하셨다 – 내게)

6 부모님의 행복한 얼굴을 보니 정말 기뻤다.   (~이었다 – 아주 기쁜 – 보는 것이 – 그들의 행복한 얼굴을)

🎧 듣기 정답 wanted | money | paper | faces

1

I didn't have much money.
나는 돈이 많지 않았다.

* don't have-didn't have

- 나는 숙제가 별로 없다.

  I don't have much ___________________

  homework 숙제

- 나는 시간이 별로 없었다.

  time 시간

____

Tip

'나는 ～가 많지 않다[않았다], ～가 별로 없다[없었다]'는 'I don't [didn't] have much + 명사'로 표현해요. 형용사 much 뒤에는 셀 수 없는 명사만 써야 해요.

2

I made a card and paper flowers.
나는 카드와 종이 꽃을 만들었다.

* make-made

- 나는 버터와 치즈를 만든다.

  I make ___________________

  butter and cheese 버터와 치즈

- 나는 케이크와 초를 만들었다.

  a cake and candles 케이크와 초

____

Tip

'나는 ～를 만든다[만들었다]'는 'I make[made] + 목적어'로 표현해요. 목적어에 있는 and는 '～와'라는 뜻으로 쓰였어요.

3

It was nice to see their happy faces.
그들의 행복한 얼굴을 보는 게 좋았다.

* is-was

- 너를 만나서 좋았다.

  It was nice to ___________________

  see you 너를 만나다

- 목표가 있는 것은 좋았다.

  have a goal 목표가 있다

____

Tip

'～하는 것은 좋았다'는 'It was nice to + 동사원형'으로 표현해요. 이때 It은 해석하지 않고 to 이하를 주어처럼 해석해요.

1 I didn't (had / have) (much / many) money.

2 I (made / making) a card and paper flowers.

3 (I / It) was nice (see / to see) their happy faces.

 일기 써 보기 배운 표현을 이용하여 새로운 일기를 완성해 보세요. 🔊 11-03

Day	Date	Weather
,	11,	Sunny

It's my mother's   today.

I   to give my mother something special.

But I   have much   or time.

So I   a handmade   and her favorite snack.

She was very surprised and   me.

It was so   to   her happy smile.

Words

birthday 생일

handmade 수제의, 손으로 만든

snack 간식

surprised 놀란

smile 미소

6월 11일, 토요일, 해가 쨍쨍

오늘은 엄마 생신이다.

나는 엄마를 위해 특별한 선물을 해 드리고 싶었다.

그러나 돈도 시간도 많지 않았다.

그래서 직접 카드와 엄마가 좋아하는 간식을 만들었다.

엄마는 너무 놀라시며 고마워하셨다.

엄마의 행복한 미소를 보니 정말 기분이 좋았다.

DAY 12 — My Family Outing

가족 나들이

Saturday, May 16, Sunny

My (friend / **family**) went on an outing to the park.

We (**had** / ate) *kimbap* and sandwiches for lunch.

After lunch, we played (**catch** / soccer).

We also took a walk in the park.

All of my family loves the (**outdoors** / indoors).

I hope to go on another outing soon!

Words

- outing 나들이, 소풍
- sandwich 샌드위치
- play catch 캐치볼을 하다
- take a walk 산책하다
- outdoors 야외
- another 또 하나의, 다른
- soon 곧

Verb Check

원형	go	eat	play	take	hope
뜻	가다	먹다	(게임·놀이) 하다	데리고 가다	희망하다
과거형	went	ate	played	took	hoped

Day	Date	Weather
,	16,	5월 16일, 토요일, 해가 쨍쨍

1 우리 가족은 공원으로 나들이를 갔다.　(우리 가족은 – 갔다 – 나들이를 – 공원으로)

My family went

2 우리는 점심으로 김밥과 샌드위치를 먹었다.　(우리는 – 먹었다 – 김밥과 샌드위치를 – 점심으로)

3 점심 식사 후에 우리는 캐치볼을 했다.　(점심 식사 후에 – 우리는 – 했다 – 캐치볼을)

4 우리는 공원에서 산책도 했다.　(우리는 – 또한 산책도 했다 – 공원에서)

5 우리 가족 모두 야외 활동을 정말 좋아한다.　(우리 가족은 모두 – 사랑한다 – 야외 활동을)

6 나는 곧 다른 나들이를 가면 좋겠다!　(나는 – 바란다 – 다른 나들이 가기를 – 곧)

🎧 듣기 정답 family | ate | catch | outdoors

1

We ate *kimbap* and sandwiches for lunch.
우리는 점심으로 김밥과 샌드위치를 먹었다.

* eat-ate

- 우리는 디저트로 아이스크림을 먹었다.

  ice cream 아이스크림
  dessert 디저트

  We ate ______________________ for ____________

Tip

'우리는 B로 A를 먹는다[먹었다]'는 'We eat[ate] A(음식) for B(식사)'로 표현해요. A에는 음식명을, B에는 식사명을 써요.

- 우리는 아침 식사로 베이컨과 달걀을 먹었다.

  bacon and eggs 베이컨과 달걀
  breakfast 아침 식사

2

We played catch.
우리는 캐치볼을 했다.

* play-played

- 우리는 가위바위보를 한다.

  rock-paper-scissors 가위바위보

  We play ______________________

Tip

'우리는 (놀이/경기를) 한다[했다]'는 'We play[played] + 목적어(놀이, 운동 경기)'로 표현해요. play는 '놀다, (경기를) 하다'의 의미예요.

- 우리는 야구를 했다.

  baseball 야구

3

I hope to go on another outing.
나는 다른 나들이를 가면 좋겠다.

- 나는 다음에도 너를 만나길 바란다.

  see you next time 다음에 너를 만나다

  I hope to ______________________

Tip

'나는 ~하면 좋겠다(~하길 바란다)'는 'I hope to + 동사원형'으로 표현해요.

- 나는 다른 모험을 떠나고 싶다.

  go on another adventure 다른 모험을 떠나다

1 We (eating / ate) *kimbap* and sandwiches (for / by) lunch.

2 We (played / are played) catch.

3 I hope (went / to go) on another outing.

📖 **일기 써 보기** 배운 표현을 이용하여 새로운 일기를 완성해 보세요. 🔊 12-03

Day	Date	Weather
,	12,	Clear

My family ______ on a hiking trip in the mountains.

We ______ rice balls and fruit ______ .

______ , we ______ rock-paper-scissors.

We also climbed to a lookout spot and took pictures.

All of my ______ the outdoors.

I ______ to go on ______ adventure soon!

Words

hiking trip 하이킹

mountain 산

rice ball 주먹밥

climb 올라가다 과 climbed

lookout spot 전망대

take a picture 사진을 찍다

adventure 모험

6월 12일, 일요일, 맑음

우리 가족은 산으로 하이킹을 갔다.

점심으로 주먹밥과 과일을 먹었다.

점심 식사 후에는 가위바위보를 했다.

우리는 전망대에 올라가서 사진도 찍었다.

우리 가족은 모두 야외 활동을 정말 좋아한다.

나는 곧 다른 모험을 떠나고 싶다!

My Pet Dog, Max

나의 반려견, 맥스

🎧 **일기 듣기** 문장을 잘 듣고, 들은 표현을 골라 보세요. 🔊 13-01

Friday, June 28, Clear

My family adopted a dog.

We (**know** / **call**) him Max.

I'm in charge of (**feeding** / **food**) him.

It's (**easy** / **hard**) to take a dog for a walk.

But it's good for his health.

Max is like a (**sister** / **brother**) to me.

Words

- pet 반려동물
- in charge of ~를 담당하고 있는
- walk 산책
- hard 어려운, 힘든
- health 건강
- like ~와 같은

Verb Check

원형	adopt	call	feed	take	be
뜻	입양하다	부르다	먹이를 주다	데리고 가다	있다, ~이다
과거형	adopted	called	fed	took	was/were

Day	Date	Weather
,	28,	

6월 28일, 금요일, 맑음

1 우리 가족은 개 한 마리를 입양했다.　(우리 가족은 – 입양했다 – 개 한 마리를)

My family adopted

2 우리는 그 개를 맥스라고 부른다.　(우리는 – 부른다 – 그를 – 맥스라고)

3 나는 맥스에게 밥 주는 일을 맡고 있다.　(나는 ~이다 – 담당하고 있는 – 그를 먹이는 것을)

4 개를 산책시키는 것은 어렵다.　(~이다 – 힘든 – 개를 데려가는 것은 – 산책을 위해)

5 그러나 그것은 맥스의 건강에 좋다.　(그러나 그것은 ~이다 – 좋은 – 그의 건강을 위해)

6 맥스는 내게 남동생과 같은 존재이다.　(맥스는 – ~이다 – 남동생 같은 – 나에게)

🎧 듣기 정답 call | feeding | hard | brother

① I'm in charge of feeding the dog.
나는 개 밥 주는 일을 담당하고 있다.

- 나는 댄스 부분을 담당한다.   the dance part 댄스 부분

  I'm in charge of ___________________________

- 나는 개 산책을 맡고 있다.   walking the dog 개 산책시키기

  ____

Tip
'나는 ~를 담당하고(맡고) 있다'는 'I'm in charge of + 명사/동사ing'로 표현해요. 전치사 of 다음에 명사나 동명사(동사원형 + ing) 형태를 써요.

② It's hard to take a dog for a walk.
개를 산책시키는 것은 어렵다.

- 말하기는 어렵다.   say 말하다

  It's hard to ___________________________

- 이해하기는 어렵다.   understand 이해하다

  ____

Tip
'~하는 것은 어렵다'는 'It's hard to + 동사원형'으로 표현해요. It은 해석하지 않고 to 이하를 주어처럼 해석해요.

③ It's good for his health.
그것은 그의 건강에 좋다.

- 그것은 너의 눈에 좋다.   your eyes 너의 눈

  It's good for ___________________________

- 그것은 내 머리에 좋다.   my brain 나의 머리(두뇌)

  ____

Tip
'그것은 ~에 좋다'는 'It's good for + 명사'로 표현해요. 전치사 for 뒤에는 명사를 써요.

Check up

1 I'm in charge of (**feed** / **feeding**) the dog.

2 It's (**hardly** / **hard**) to take a dog for a walk.

3 It's good (**for** / **to**) his health.

📖 **일기 써 보기** 배운 표현을 이용하여 새로운 일기를 완성해 보세요. 🔊 13-03

Day	Date	Weather

,   13,   Hot and Sunny

My family   a parrot.

                    her Coco.

I'm   of teaching her words and cleaning her cage.

                    to keep her quiet.

But she gives us lots of laughs.

Coco   a chatty   to me.

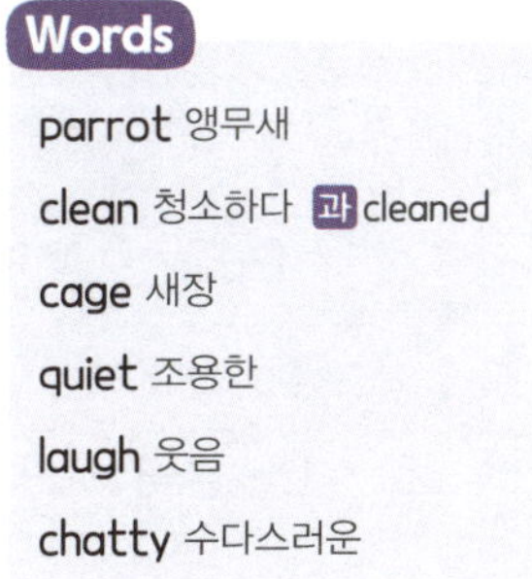

Words

parrot 앵무새

clean 청소하다 과 cleaned

cage 새장

quiet 조용한

laugh 웃음

chatty 수다스러운

7월 13일, 화요일, 덥고 맑음

우리 가족은 앵무새 한 마리를 입양했다.

우리는 코코라고 부른다.

나는 코코에게 단어를 가르치고 새장 청소를 담당한다.

코코를 조용히 시키기는 힘들다.

그러나 코코는 우리에게 웃음을 많이 준다.

코코는 내게 수다쟁이 여동생 같은 존재이다.

DAY 14 — Interesting Space Science

재미있는 우주 과학

Tuesday, July 4, Clear

I learned about the solar system in science class.

(Math / Science) is my favorite subject.

I'm interested in (the sun / space).

I found today's class (boring / exciting).

I felt like time flew during science class!

I want to (flying / travel) in space someday.

Words

- **solar system** 태양계
- **science** 과학
- **interested** 관심 있는
- **during** ~동안
- **space** 우주
- **someday** 언젠가

Verb Check

원형	learn	find	feel	fly	travel
뜻	배우다	알게 되다	느끼다	날다	여행하다
과거형	learned	found	felt	flew	traveled

Day	Date	Weather
,	4,	

7월 4일, 화요일, 맑음

1 과학 시간에 태양계에 관해 배웠다. (나는 – 배웠다 – 태양계에 관해 – 과학 시간에)

I learned

2 과학은 내가 가장 좋아하는 과목이다. (과학은 – ~이다 – 내가 가장 좋아하는 과목)

3 나는 우주에 관심이 많다. (나는 ~이다 – 관심이 있는 – 우주에)

4 오늘 수업은 흥미로웠다. (나는 – 알게 되었다 – 오늘 수업이 – 흥미로운)

5 과학 수업 동안 시간이 빨리 가는 것 같았다! (나는 – ~처럼 느꼈다 – 시간이 – 날아갔다 – 과학 수업 동안)

6 언젠가 나는 우주 여행을 하고 싶다. (나는 – 원한다 – 우주에서 여행하는 것을 – 언젠가)

🎧 듣기 정답 Science | space | exciting | travel

1

I learned about the solar system.
나는 태양계에 관해 배웠다.

* learn-learned

- 나는 한국 역사에 관해 배운다. Korean history 한국 역사

  I learn about ＿＿＿＿＿＿＿＿＿＿＿＿＿＿＿＿

- 나는 고대 이집트에 관해 배웠다. ancient Egypt 고대 이집트

  ＿＿＿＿＿＿＿＿＿＿＿＿＿＿＿＿＿＿＿＿＿

> **Tip**
> '나는 ～에 관해 배운다[배웠다]' 는 'I learn[learned] about + 명사(배운 것)'로 표현해요. 전치사 about 다음에는 명사를 써요.

2

Science is my favorite subject.
과학은 내가 가장 좋아하는 과목이다.

- 역사는 내가 가장 좋아하는 과목이다. history 역사

  ＿＿＿＿＿＿＿＿＿＿＿＿＿ is my favorite subject.

- 수학은 내가 가장 좋아하는 과목이다. math 수학

  ＿＿＿＿＿＿＿＿＿＿＿＿＿＿＿＿＿＿＿＿＿

> **Tip**
> '～는 나의 가장 좋아하는 과목이 다'는 '주어(좋아하는 과목) + is my favorite subject.'로 표현해 요. 주어에는 과목명을 쓰면 돼요.

3

I'm interested in space.
나는 우주에 관심이 있다.

- 나는 음악에 관심이 있다. music 음악

  I'm interested in ＿＿＿＿＿＿＿＿＿＿＿＿＿＿

- 나는 미술에 관심이 있다. art 미술

  ＿＿＿＿＿＿＿＿＿＿＿＿＿＿＿＿＿＿＿＿＿

> **Tip**
> '나는 ～에 관심이 있다'는 'I'm interested in + 명사(관심있는 것)'로 표현해요. 전치사 in 다음 에는 명사를 써요.

Check up

1 I learned (for / about) the solar system.

2 Science (is / are) my favorite subject.

3 I'm (interesting / interested) in space.

📖 **일기 써 보기** 배운 표현을 이용하여 새로운 일기를 완성해 보세요. 🔊 14-03

Day	Date	Weather
,	14,	Fine

I   ancient Egypt in history class.

      is my favorite   .

I'm   pharaohs and pyramids.

I found today's class   .

I felt like   flew   history class!

I   visit the pyramids in Egypt someday.

9월 14일, 월요일, 맑음

나는 역사 시간에 고대 이집트에 관해 배웠다.

내가 가장 좋아하는 과목은 역사이다.

나는 파라오와 피라미드에 관심이 많다.

역사 수업이 흥미로웠다.

역사 수업 동안 시간이 빨리 가는 것 같았다!

언젠가 이집트에 있는 피라미드에 가보고 싶다.

Words

ancient 고대의
pharaoh 파라오
pyramid 피라미드

Too Much Homework
너무 많은 숙제

🎧 **일기 듣기** 문장을 잘 듣고, 들은 표현을 골라 보세요. 🔊 15-01

Tuesday, June 10, Clear

I (have / had) a lot of homework to do today.

I didn't feel like doing my homework.

But I did my homework until late at (noon / night).

I solved (40 / 14) math problems and (read / wrote) a book review.

I didn't get any (food / rest) after school.

I really hate homework!

Words

- a lot of 많은
- feel like ~를 하고 싶다
- until ~까지
- at night 밤에
- problem 문제
- book review 독후감
- get rest 쉬다
- after school 방과 후에

Verb Check

원형	do	solve	write	get	hate
뜻	하다	풀다	쓰다	얻다	싫어하다
과거형	did	solved	wrote	got	hated

Day	Date	Weather
,	10,	6월 10일, 화요일, 맑음

1 오늘 해야 할 숙제가 너무 많았다. (나는 – 가지고 있었다 – 많은 숙제를 – 해야 할 – 오늘)

I had

2 숙제할 기분이 아니었다. (나는 – 기분이 아니었다 – 숙제를 할)

3 그러나 밤 늦게까지 숙제를 했다. (그러나 나는 – 했다 – 숙제를 – 밤 늦게까지)

4 40개의 수학 문제를 풀고 독후감을 썼다. (나는 – 풀었다 – 수학 문제 40개를 – 그리고 썼다 – 독후감 한 편을)

5 나는 방과 후에 쉬지도 못했다. (나는 – 갖지 못했다 – 휴식을 – 방과 후에)

6 숙제가 정말 싫다! (나는 – 정말로 싫어한다 – 숙제를)

🎧 듣기 정답 had | night | 40 | wrote | rest

1

I had a lot of homework.
나는 숙제가 너무 많았다.

* have-had

- 나는 친구들이 많다.　　　　　　　　　　friends 친구들

  I have a lot of ＿＿＿＿＿＿＿＿＿＿＿＿＿

- 나는 정말 즐거웠다.　　　　　　　　　　fun 재미

  ＿＿＿＿＿＿＿＿＿＿＿＿＿＿＿＿＿＿＿

Tip
'나는 ～가 많다[많았다]'는 'I have[had] a lot of + 명사'로 표현해요. a lot of 다음에는 셀 수 있는 명사와 셀 수 없는 명사를 모두 쓸 수 있어요.

2

I didn't feel like doing my homework.
난 숙제할 기분이 아니었다.

* don't feel-didn't feel

- 나는 춤출 기분이 아니다.　　　　　　　dancing 춤추기

  I don't feel like ＿＿＿＿＿＿＿＿＿＿＿

- 나는 잠자리에 들기 싫었다.　　　going to bed 잠자리에 들기

  ＿＿＿＿＿＿＿＿＿＿＿＿＿＿＿＿＿＿＿

Tip
'나는 ～할 기분이 아니다[아니었다]'는 'I don't[didn't] feel like + 동사ing'로 표현해요. 여기서 like는 전치사로 '～처럼'의 의미예요. 전치사 뒤에는 동명사 (동사원형 + ing) 형태를 써요.

3

I really hate homework.
나는 숙제가 정말 싫다.

- 나는 추위가 정말 싫다.　　　　　　　　the cold 추위

  I really hate ＿＿＿＿＿＿＿＿＿＿＿＿＿

- 나는 시험 보기가 정말 싫다.　　　taking exams 시험 보기

  ＿＿＿＿＿＿＿＿＿＿＿＿＿＿＿＿＿＿＿

Tip
'나는 ～가 정말 싫다'는 'I really hate + 목적어(싫어하는 것)'로 표현해요.

1 I had (**a lot** / **a lot of**) homework.

2 I didn't feel like (**to do** / **doing**) my homework.

3 I (**hate really** / **really hate**) homework.

📖 **일기 써 보기** 배운 표현을 이용하여 새로운 일기를 완성해 보세요. 🔊 15-03

Day	Date	Weather

,   15,   Bright

I   a lot of fun today.

I didn't   going to bed.

I   with my friends   late at night.

We danced to new songs and played board games.

I   get any   before bedtime.

I   that today is ending!

Words

board game 보드게임
bedtime 잠자리에 드는 시간
end 끝나다 과 ended

9월 15일, 수요일, 맑음

오늘 정말 즐거웠다.

잠자리에 들기도 싫었다.

나는 밤 늦게까지 친구들과 놀았다.

우리는 신곡에 맞춰 춤을 추고 보드게임도 했다.

나는 잠자리에 들기 전까지 쉬지 못했다.

오늘이 끝나는 게 정말 싫다!

Getting Over a Cold
감기 낫기

Monday, November 24, Cold

I (**go** / **went**) to see a doctor today.

I have a bad (**cold** / **warm**).

I (**have** / **am**) a fever, muscle aches, and a cough.

The doctor told me to get some rest.

I got a (**shop** / **shot**) and took some medicine.

I want to get better soon.

Words

- doctor 의사
- cold 감기
- fever 열
- muscle ache 근육통
- cough 기침
- shot 주사
- medicine 약
- get better 좋아지다

Verb Check

원형	have	tell	get	take	want
뜻	(병이) 있다	말하다	얻다	(약을) 먹다	원하다
과거형	had	told	got	took	wanted

Day	Date	Weather
,	24,	

11월 24일, 월요일, 추움

1 오늘 병원에 갔다. (나는 – 갔다 – 병원에 – 오늘)

I went to

2 나는 독감에 걸렸다. (나는 – 걸렸다 – 독감에)

3 열이 나고, 근육통에, 기침을 한다. (나는 – 가지고 있다 – 열, 근육통, 기침을)

4 의사 선생님이 좀 쉬라고 말씀하셨다. (의사가 – 말했다 – 내게 – 좀 쉬라고)

5 주사를 한 대 맞고 약을 먹었다. (나는 – 맞았다 – 주사를 – 그리고 먹었다 – 약을)

6 어서 낫고 싶다. (나는 – 원한다 – 곧 낫기를)

🎧 듣기 정답 went | cold | have | shot

1

I have a fever.
나는 열이 있다.

* have-had

- 나는 이가 아팠다.

  I had ______________________

  a toothache 치통

  Tip
  '나는 ～가 아프다[아팠다](～병이 있다, ～병을 앓고 있다)'는 'I have [had]＋a 병명/증상'으로 표현해요.

- 나는 콧물이 난다.

  a runny nose 콧물

  ____

2

The doctor told me to get some rest.
의사 선생님이 내게 쉬라고 하셨다.

* tell-told

- 간호사가 내게 여기서 기다리라고 했다.

  ______ told me to ______________________

  the nurse 간호사
  wait here 여기서 기다리다

  Tip
  'A가 나에게 B 하라고 말했다'는 'A(사람) told me to B(동사원형)'로 표현해요. A에는 말하는 사람을 쓰고, B에는 지시하는 행동을 동사원형으로 써요.

- 엄마가 내게 집에 일찍 오라고 했다.

  my mom 나의 엄마
  come home early 집에 일찍 오다

  ____

3

I want to get better soon.
나는 어서 낫고 싶다.

- 나는 너를 돕고 싶다.

  I want to ______________________

  help you 너를 돕다

  Tip
  '나는 ～하고 싶다'는 'I want to＋동사원형'으로 표현해요. 이때 to 뒤에는 하고 싶은 내용을 반드시 동사원형으로 써야 해요.

- 나는 이를 잘 관리하고 싶다.

  take good care of 잘 관리하다

  ______________________ my teeth.

1 I (am / have) a fever.

2 The doctor (told / said) me (get / to get) some rest.

3 I want (getting / to get) better soon.

📖 일기 써 보기 배운 표현을 이용하여 새로운 일기를 완성해 보세요.   🔊 16-03

Day	Date	Weather
,	16,	Chilly

I   to   the dentist today.

I had a bad   .

I had a cavity in one of my teeth.

The   pulled the tooth.

She   me   brush my teeth every day.

I   take good care of my   .

Words

dentist 치과 의사

tooth 이, 치아 (복수 teeth)

cavity 충치

pull 뽑다 [과] pulled

brush 이를 닦다 [과] brushed

12월 16일, 목요일, 쌀쌀함

오늘 치과에 갔다.

치통이 심했다.

치아 중 하나에 충치가 생겼다.

치과 선생님이 그 이를 뽑아 주셨다.

치과 선생님은 매일 이를 닦으라고 하셨다.

나는 이를 잘 관리하고 싶다.

Rain, Rain, Go Away

비야, 비야, 저리 가

🎧 **일기 듣기** 문장을 잘 듣고, 들은 표현을 골라 보세요. 🔊 17-01

Friday, July 25, Rainy

It (snowed / rained) all day today.

The rain has become (heavier / weaker).

Even during the day, it was as dark as (day / night).

I couldn't go outside because of the weather.

A (song / sing) came to mind.

I hope it stops raining soon.

Words

- all day 하루 종일
- heavier 더 무거운
- even ～도, ～조차
- dark 어두운, 컴컴한
- outside 밖에
- because of ～때문에
- mind 마음

Verb Check

원형	rain	become	come	hope	stop
뜻	비가 오다	～가 되다	오다	희망하다	멈추다
과거형	rained	became	came	hoped	stopped

Day	Date	Weather
,	25,	

7월 25일, 금요일, 비가 옴

1 오늘도 하루 종일 비가 내렸다.   (비가 내렸다 – 하루 종일 – 오늘)

It rained

2 비가 점점 더 많이 내렸다.   (그 비는 – 되었다 – 더 세찬)

3 낮에도, 밤처럼 컴컴했다.   (낮인데도 – ～이었다 – 어두운 – 밤처럼)

4 날씨 때문에 나는 밖에 나갈 수가 없었다.   (나는 – 나갈 수가 없었다 – 밖에 – 날씨 때문에)

5 노래 하나가 떠올랐다.   (한 노래가 – 왔다 – 마음에)

6 빨리 비가 그쳤으면 좋겠다.   (나는 – 바란다 – 비가 멈춘다 – 곧)

🎧 듣기 정답 rained | heavier | night | song

1

It rained all day.　* rain-rained
하루 종일 비가 내렸다.

- 하루 종일 눈이 내렸다.　snowed 눈이 내렸다

  It ______________________________ all day.

  Tip
  하루 종일 (날씨가) ～했다'는 'It + 동사(날씨) + all day'로 표현해요. 주어 It은 따로 해석하지 않아요.

- 하루 종일 추웠다.　was cold 추웠다

  ____

2

It was as dark as night.　* is-was
밤처럼 컴컴했다.

- 그것은 눈처럼 하얬다.　white 하얀 / snow 눈

  It was as ______________ as ______________

  Tip
  '그것은 B처럼(만큼) A했다'는 'It was as A as B'로, 비교하는 표현이에요. A 자리에는 형용사를 쓰고 B 자리에는 주어와 비교하는 대상을 적어요.

- 그녀는 벌만큼 바빴다.　busy 바쁜 / a bee 벌

  ____

3

A song came to mind.　* come-came
노래 하나가 떠올랐다.

- 그녀의 이름이 생각났다.　her name 그녀의 이름

  ______________________________ came to mind.

  Tip
  '～ 생각이 떠올랐다(생각났다)'는 '주어(생각나는 것) + came to mind'로 표현해요.

- 두 가지가 떠올랐다.　two things 두 가지

  ____

1 (This / It) rained all (day / days).

2 It was (at / as) dark (as / like) night.

3 A song (come / came) to mind.

📖 **일기 써 보기** 배운 표현을 이용하여 새로운 일기를 완성해 보세요. 🔊 17-03

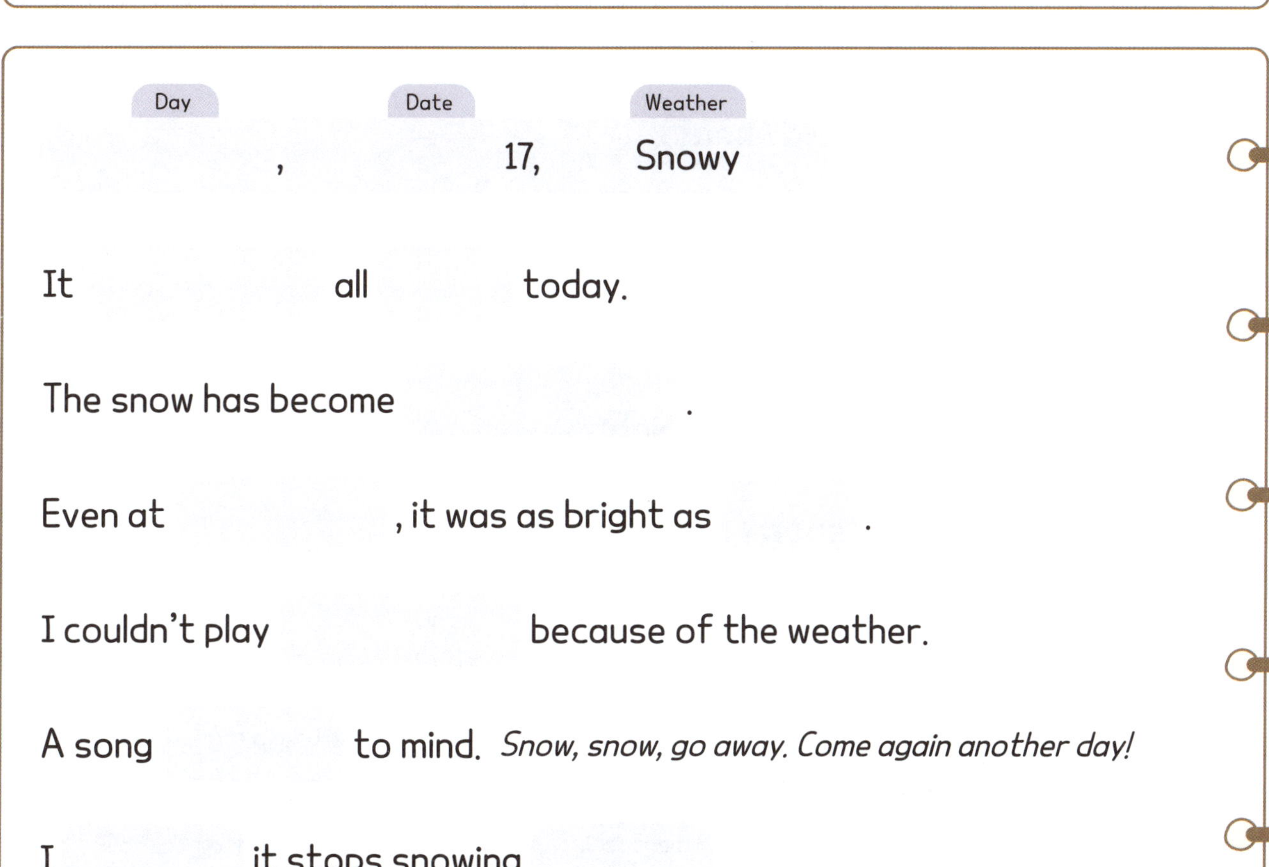

Day　　　　Date　　　　Weather

,　　　　　　17,　　　　Snowy

It 　　　　　 all 　　　 today.

The snow has become 　　　　　 .

Even at 　　　　　 , it was as bright as 　　　 .

I couldn't play 　　　　　 because of the weather.

A song 　　　 to mind. *Snow, snow, go away. Come again another day!*

I 　　　 it stops snowing 　　　 .

Words

snow 눈, 눈이 내리다 과 snowed

heavier 더 세찬

night 밤

as bright as ~만큼 밝은

day 낮

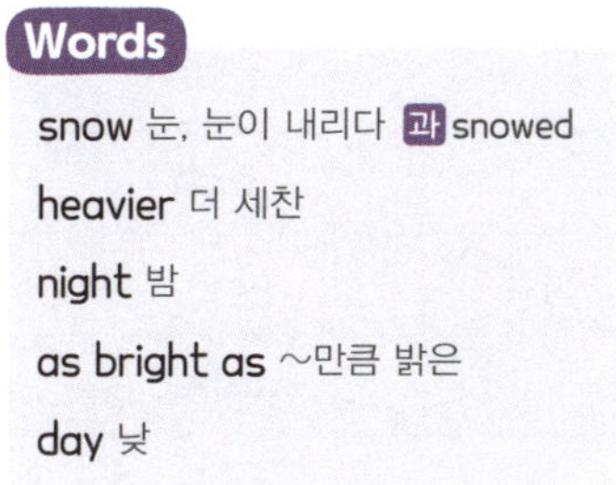

1월 17일, 일요일, 눈이 옴

오늘도 하루 종일 눈이 내렸다.

눈이 점점 더 많이 내렸다.

밤에도, 낮처럼 밝았다.

날씨 때문에 밖에서 놀 수 없었다.

노래 하나가 떠올랐다.

빨리 눈이 그치면 좋겠다.

DAY 18

Hot, Hot, Hot
더워, 더워, 더워

🎧 **일기 듣기** 문장을 잘 듣고, 들은 표현을 골라 보세요.　🔊 18-01

Thursday, August 6, Hot and Humid

It was hot and (dry / humid) all day.

I'm sensitive to the (cold / heat).

So I took two cold (showers / show).

After some ice cream, I drank icy water.

I kept the fan running day and night.

I really wish it would (snow / rain) soon.

Words

- humid 습한
- sensitive 예민한
- heat 열기
- take a shower 샤워하다
- fan 선풍기
- day and night 밤낮으로

Verb Check

원형	take	drink	keep	run	wish
뜻	(목욕 · 샤워) 하다	마시다	유지하다	뛰다, 작동하다	바라다
과거형	took	drank	kept	ran	wished

Day	Date	Weather

,　　　6,　　　　　　　　8월 6일, 목요일, 덥고 습함

❶ 하루 종일 덥고 끈적거렸다.　(～이었다 – 덥고 끈적거리는 – 하루 종일)

It was

❷ 나는 더위를 탄다.　(나는 ～이다 – 예민한 – 더위에)

❸ 그래서 찬물로 샤워를 두 번이나 했다.　(그래서 나는 – 했다 – 두 번의 샤워를)

❹ 아이스크림을 먹은 후 얼음물을 마셨다.　(아이스크림을 먹은 후 – 나는 – 마셨다 – 얼음물을)

❺ 밤낮으로 계속 선풍기를 틀어 놨다.　(나는 – 계속 유지했다 – 선풍기가 – 작동하게 – 밤낮으로)

❻ 빨리 비가 왔으면 좋겠다.　(나는 – 정말 바란다 – 비가 내리기를 – 곧)

🎧 듣기 정답 humid | heat | showers | rain

1

It was hot and humid.

덥고 끈적거렸다.

* is-was

● 여름에는 너무 덥다.

It is _________________________

so hot 너무 더운
in summer 여름에

● 하루 종일 몹시 추웠다.

____

freezing 몹시 추운
all day 하루 종일

Tip
'(날씨가) ~하다[했다]'는 'It is [was] + 형용사(날씨)'로 표현해요. 날씨를 표현할 때 주어는 항상 It을 쓰고, 따로 해석하지는 않아요.

2

I'm sensitive to the heat.

나는 더위를 탄다.

● 나는 추위를 탄다.

I'm sensitive to _________________________

the cold 추위

● 나는 소음에 예민하다.

____

the noise 소음

Tip
'나는 ~에 예민하다(~를 타다)'는 'I'm sensitive to + 명사(예민한 것)'로 표현해요. 전치사 to 뒤에는 명사를 써야 해요.

3

I wish it would rain soon.

곧 비가 왔으면 좋겠다.

● 곧 비가 그쳤으면 좋겠다.

I wish it would _________________________ soon.

stop raining 비가 그치다

● 곧 따뜻해졌으면 좋겠다.

____

warm up 따뜻해지다

Tip
'곧 ~해졌으면 좋겠다'는 'I wish it would + 동사원형 + soon'으로, 현재 일어나는 일과 반대되는 상황을 소망할 때 사용해요. it would 뒤에 동사원형을 써야 해요.

Check up

1 (They / It) was hot and humid.

2 I'm sensitive (to / in) the heat.

3 I (want / wish) it would (rain / raining) soon.

📖 **일기 써 보기** 배운 표현을 이용하여 새로운 일기를 완성해 보세요. 🔊 18-03

Day	Date	Weather

, 　　　　　18, 　　Very Cold

　　was freezing and windy all 　　　　.

I'm 　　　　　　　　to the cold.

So I 　　　　a warm shower.

After some 　　　　soup, I 　　　　hot chocolate.

Even at home, I wore thick 　　　　and a sweater.

I 　　　　spring would come 　　　　.

Words

hot chocolate 핫초코, 코코아

wear 입다 [과] wore

thick 두꺼운

socks 양말

sweater 스웨터

spring 봄

1월 18일, 토요일, 몹시 추움

하루 종일 춥고 바람이 많이 불었다.

나는 추위를 탄다.

그래서 따뜻한 물로 샤워를 했다.

따뜻한 수프를 먹고 나서 핫초코를 마셨다.

집에서도 두꺼운 양말과 스웨터를 입었다.

빨리 봄이 왔으면 좋겠다.

DAY 19 · A Picnic on the Beach

바닷가로 소풍

Sunday, July 18, Hot and Sunny

My family (**went** / **want**) to the beach.

I went into the water with my sister.

We (**played** / **play**) with pool floats.

Then, we played with a ball on the sand.

However, the sand was too (**cold** / **hot**) to walk on.

Swimming is the (**worst** / **best**) part of summer.

Words

- **beach** 해변
- **pool float** (= swim tube) 수영 튜브
- **however** 그러나
- **sand** 모래
- **part** 부분(점)

Verb Check

원형	go	play	be	walk
뜻	가다	놀다	있다, ~이다	걷다
과거형	went	played	was/were	walked

Day	Date	Weather
,	18,	

7월 18일, 일요일, 덥고 맑음

1 우리 가족은 바닷가에 갔다. (우리 가족은 – 갔다 – 바닷가에)

My family went

2 나는 동생이랑 물속에 들어갔다. (나는 – 들어갔다 – 물속으로 – 여동생과)

3 우리는 수영 튜브를 타고 놀았다. (우리는 – 놀았다 – 수영 튜브를 가지고)

4 그런 뒤, 우리는 모래 위에서 공을 가지고 놀았다. (그런 뒤 – 우리는 – 놀았다 – 공을 가지고 – 모래 위에서)

5 그러나 모래는 걷기에는 너무 뜨거웠다. (하지만 – 모래는 – ~이었다 – 너무 뜨거운 – 걷기에는)

6 수영이 여름의 가장 좋은 점이다. (수영은 – ~이다 – 가장 좋은 부분 – 여름의)

🎧 듣기 정답 went | played | hot | best

1

We played with pool floats.

우리는 수영 튜브를 타고 놀았다.

* play – played

- 나는 친구들과 논다.

  I play with ___________________

  my friends 나의 친구들

- 나는 모래를 가지고 놀았다.

  sand 모래

  ____

> **Tip**
> '~를 가지고(~와) 논다[놀았다]' 는 '주어 + play[played] + 명사'로 표현해요. 전치사 with 뒤에는 사물이나 사람을 써요.

2

The sand was too hot to walk on.

모래는 걷기에는 너무 뜨거웠다(너무 뜨거워서 걸을 수 없었다).

* is-was

- 나는 너무 피곤해서 운동을 할 수 없었다.

  I was too ___________ to ___________

  tired 피곤한
  exercise 운동하다

- 그는 너무 빨라서 잡을 수 없었다.

  fast 빠른
  catch 잡다

  ____

> **Tip**
> '~가 너무 ~해서 ~할 수 없었다' 는 '주어 was too + 형용사 + to + 동사원형'으로 표현해요. 이때 too 는 '너무'라는 의미로 부정적인 내용에 사용해요. too 뒤에는 형용사를 써야 해요.

3

Swimming is the best part of summer.

수영이 여름의 가장 좋은 점이다.

- 스키가 겨울의 가장 좋은 점이다.

  ___________ is the best part of ___________

  skiing 스키(타기)
  winter 겨울

- 여행이 봄의 가장 좋은 점이다.

  traveling 여행
  spring 봄

  ____

> **Tip**
> '~가 (계절)의 가장 좋은 점이다'는 '주어 + is the best part of + 명사(계절)'로 표현해요. 주어에는 명사/동명사를 쓰고, 전치사 of 뒤에는 계절을 나타내는 명사를 써요.

1 We played (at / with) pool floats.

2 The sand was (to / too) hot (to / too) walk on.

3 (Swimming / Swim) is the best (part / park) of summer.

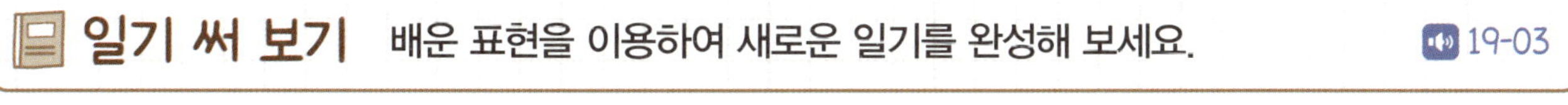 일기 써 보기　배운 표현을 이용하여 새로운 일기를 완성해 보세요.　◀)) 19-03

Day	Date	Weather
,	19,	Cold

My family ___________ the snowy hill.

I went down the ___________ on a sled with my ___________ .

We also made a ___________ .

Then, we tossed snowballs at each other.

However, the ___________ was too ___________ to play for long.

Sledding is the ___________ part of ___________ .

Words

snowy 눈 덮인

hill 언덕

sled 썰매

snowman 눈사람

toss 던지다 **과** tossed

snowball 눈덩이

sledding 썰매 타기

1월 19일, 일요일, 추움

우리 가족은 눈 덮인 언덕에 갔다.

나는 오빠랑 썰매를 타고 언덕을 내려갔다.

우리는 눈사람도 만들었다.

그런 뒤, 우리는 서로 눈덩이를 던졌다.

하지만 눈이 너무 차가워서 오래 놀 수 없었다.

썰매 타는 게 겨울의 가장 좋은 점이다.

School Sports Day
학교 체육대회

🎧 **일기 듣기** 문장을 잘 듣고, 들은 표현을 골라 보세요. 🔊 20-01

Friday, September 13, Bright

Today was our school sports day.

My mom (**went** / **came**) to cheer for me.

I came in (**first** / **second**) in the 100m race.

My class narrowly won the relay race.

Everyone (**clapped** / **sang**) and yelled loudly.

I think my (**class** / **school**) is the best!

Words

- **sports day** 운동회
- **cheer for** ~를 응원하다
- **first** 첫째의, 일등의
- **narrowly** 간신히
- **relay race** 계주
- **loudly** 큰 소리로

Verb Check

원형	cheer	win	clap	yell	think
뜻	응원하다	이기다	박수를 치다	외치다	생각하다
과거형	cheered	won	clapped	yelled	thought

Day	Date	Weather
,	13,	

9월 13일, 금요일, 화창함

❶ 오늘은 우리 학교 운동회 날이었다.   (오늘은 – ~이었다 – 우리 학교 운동회 날)

Today was

❷ 엄마가 나를 응원하러 오셨다.   (나의 엄마가 – 왔다 – 나를 응원하러)

❸ 나는 100m 달리기에서 1등을 했다.   (나는 – 왔다 – 1등으로 – 100m 달리기에서)

❹ 우리 반은 계주에서 가까스로 우승했다.   (나의 반은 – 가까스로 이겼다 – 계주에서)

❺ 모두가 박수를 치고 크게 소리쳤다.   (모두 – 박수를 쳤다 – 그리고 소리쳤다 – 큰 소리로)

❻ 나는 우리 반이 최고라고 생각한다!   (나는 – 생각한다 – 나의 반이 – ~이다 – 최고의)

🎧 듣기 정답 came | first | clapped | class

1

My mom **came to** cheer for me.
엄마가 나를 응원**하러 오셨다**.

* come-came

- 아빠가 나를 보러 오셨다.　　　　　see me 나를 보다

___________ came to ___________________________

- 나는 너랑 놀려고 왔다.　　　　play with you 너와 함께 놀다

____

> **Tip**
> '~가 ~하러(~하기 위해) 왔다'는 '주어 + came to + 동사원형'으로 표현해요. to 뒤에는 목적을 나타내는 동사원형을 써요.

2

I **came in** first in the 100m race.
나는 100m 달리기에서 1**등을 했다**.

* come-came

- 나는 경주에서 2등을 했다.　　　　second 둘째로
　　　　　　　　　　　　　　　in a race 경주에서

I came in ___________________________________

- 나는 계주에서 꼴찌로 들어왔다.　　　last 마지막, 꼴찌
　　　　　　　　　　　　　　　in the relay race 계주에서

____

> **Tip**
> '나는 (경주에서) ~등을 했다(~위로 들어왔다)'는 'I came in + 순위'로 표현해요. 순위는 first(1위), second(2위), third(3위)처럼 서수로 표현해요.

3

I **think** my class is the best.
나는 우리 반이 최고라고 **생각한다**.

- 나는 이것이 그들의 집이라고 생각한다.　this is their house 이것이 그들의 집이다

I think ___________________________________

- 나는 우리 팀이 최고라고 생각한다.　my team is the best 우리 팀이 최고이다

____

> **Tip**
> '나는 ~라고 생각하다'는 'I think (that) + 주어 + 동사'로 표현해요. think 다음에는 '주어 + 동사'의 완전한 문장을 써야 해요.

Check up

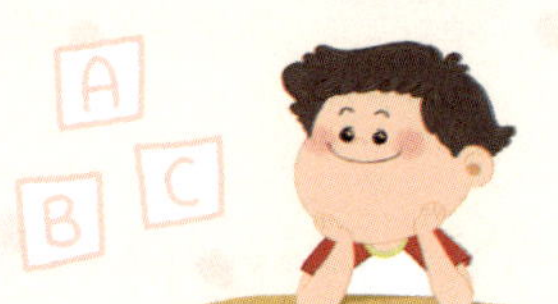

1 My mom came (to / for) cheer (to / for) me.

2 I came in (one / first) in the 100m race.

3 I think my class is the (good / best).

일기 써 보기 배운 표현을 이용하여 새로운 일기를 완성해 보세요. 20-03

Day	Date	Weather
____ ,	____ 20,	Clear

Today was our ____ day.

My parents came to ____ for me.

I ____ in second in the relay race.

My team narrowly ____ the tug-of-war.

____ and cheered happily.

I ____ my team is the ____ !

10월 20일, 월요일, 화창함

오늘은 학교 운동회 날이었다.

부모님께서 나를 응원하러 오셨다.

나는 계주에서 2등을 했다.

우리 팀은 줄다리기에서도 가까스로 우승했다.

모두가 박수를 치며 기쁘게 환호했다.

나는 우리 팀이 최고인 것 같다!

Words

parents 부모

tug-of-war 줄다리기

happily 기쁘게

BIRTHDAY INTERVIEW

An Interview with My Friend!

● 생일을 맞은(애완동물을 키우는) 친구를 인터뷰하고 대답을 써 보세요.

Questions	Answers
1 What's your name? 이름이 뭐예요?	I am ________ ________ . First Name Last Name
2 How old are you? 몇 살이에요?	I am ________ years old. Number
3 What's your favorite food? 가장 좋아하는 음식은 뭐예요?	I love ________ . Food Name
4 What's your favorite color? 가장 좋아하는 색은 뭐예요?	My favorite color is ________ . Color Name
5 Do you have a pet? 애완동물을 키워요?	Yes! I have a ________ . Type of Pet
6 What's its name? 애완동물 이름이 뭐예요?	It's ________ . Pet's Name
7 What does your pet like to do? 애완동물이 좋아하는 놀이는 뭐예요?	My pet loves to ________ . Pet's Favorite Activity

● 인터뷰한 내용을 정리해서 써 보세요.

Day , **Date** , **Weather**

______ ______ **is my best friend.**
First Name   Last Name

______ **is** ______ **years old.**
He or She   Number

______ **loves** ______ .
He or She   Food Name

______ **favorite color is** ______ .
His or Her   Color Name

______ **has a** ______ .
He or She   Type of Pet

Its name is ______ .
Pet's Name

It loves to ______ .
Pet's Favorite Activity

A Writing Contest
글짓기 대회

Wednesday, May 28, Sunny

There was a (**write** / **writing**) contest at school.

The topic was "my (**habit** / **hobby**)."

I wrote about my bad habits.

To my surprise, I won (**three** / **third**) prize!

This was (**thanks** / **think**) to my daily writing practice.

I want to improve my writing skills.

Words

- **contest** 대회
- **topic** 주제
- **habit** 버릇, 습관
- **surprise** 놀라움
- **third prize** 3등
- **thanks to** ~덕분에
- **practice** 연습
- **skill** 기술, 솜씨

Verb Check

원형	be	write	win	want	improve
뜻	있다, ~이다	쓰다	이기다, 차지하다	원하다	향상시키다
과거형	was/were	wrote	won	wanted	improved

Day	Date	Weather
,	28,	

5월 28일, 수요일, 해가 쨍쨍

1 학교에서 글짓기 대회가 있었다(열렸다).   (있었다 – 글짓기 대회가 – 학교에서)

There was

2 주제는 '나의 습관' 이었다.   (주제는 – ~이었다 – '나의 습관')

3 나는 나의 나쁜 습관에 대해 썼다.   (나는 – 썼다 – 나의 나쁜 습관에 대해)

4 놀랍게도, 3등을 했다!   (놀랍게도 – 나는 – 차지했다 – 3등을)

5 이것은 매일 글쓰기를 한 덕분이었다.   (이것은 – ~이었다 – 매일 글쓰기 연습 덕분에)

6 글을 더 잘 쓰고 싶다.   (나는 – 원한다 – 나의 글쓰기 실력을 좀 더 향상시키기를)

🎧 듣기 정답 writing | habit | third | thanks

1

There was a writing contest.
글쓰기 대회가 있었다.

- 해마다 서핑 대회가 있다.

  There is ______________________________

  a surfing contest 서핑 대회
  every year 해마다

- 어제 웅변 대회가 있었다.

  a speech contest 웅변 대회
  yesterday 어제

  ____

* is-was

Tip
'~가 있다[있었다]'는 'There is[was] + 명사'로 표현하고 따로 해석하지 않아요. is[was] 뒤에는 단수 명사를 써야 하는데, 복수 명사를 넣고 싶다면 be동사를 are[were]로 쓰면 돼요.

2

I wrote about my bad habits.
나는 나의 나쁜 습관에 대해 썼다.

- 나는 한국 음식에 대해 쓴다.

  I write about ______________________________

  Korean food 한국 음식

- 나는 그 경기에 대해 썼다.

  the game 그 경기

  ____

* write-wrote

Tip
'나는 ~에 대해 쓴다[썼다]'는 'I write[wrote] about + 명사(글 소재)'로 표현해요. 전치사 about 뒤에는 명사를 써요.

3

This was thanks to my daily writing practice.
이것은 내가 매일 글쓰기 연습을 한 덕분이었다.

- 이건 네 도움 덕분이었다.

  ______________ thanks to ______________

  your help 네 도움

- 네 덕분에 난 행복해.

  I am happy 난 행복해
  you 너

  ____

* is-was

Tip
'(누군가/무엇) 덕분에'는 'thanks to + 명사'로 표현해요. thanks to 뒤에는 사람이나 사물에 해당하는 말을 쓰고, 문장 앞이나 뒤에 자유롭게 쓸 수 있어요.

1 There (**was** / **were**) a writing contest.

2 I wrote (**about** / **for**) my bad habits.

3 This was thanks (**at** / **to**) my daily (**write** / **writing**) practice.

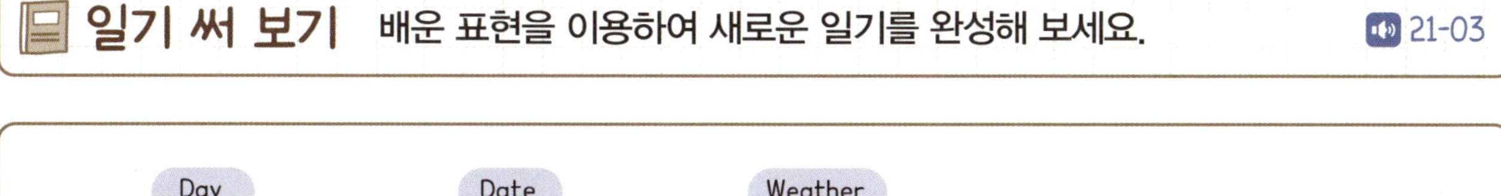

📖 **일기 써 보기** 배운 표현을 이용하여 새로운 일기를 완성해 보세요. 🔊 21-03

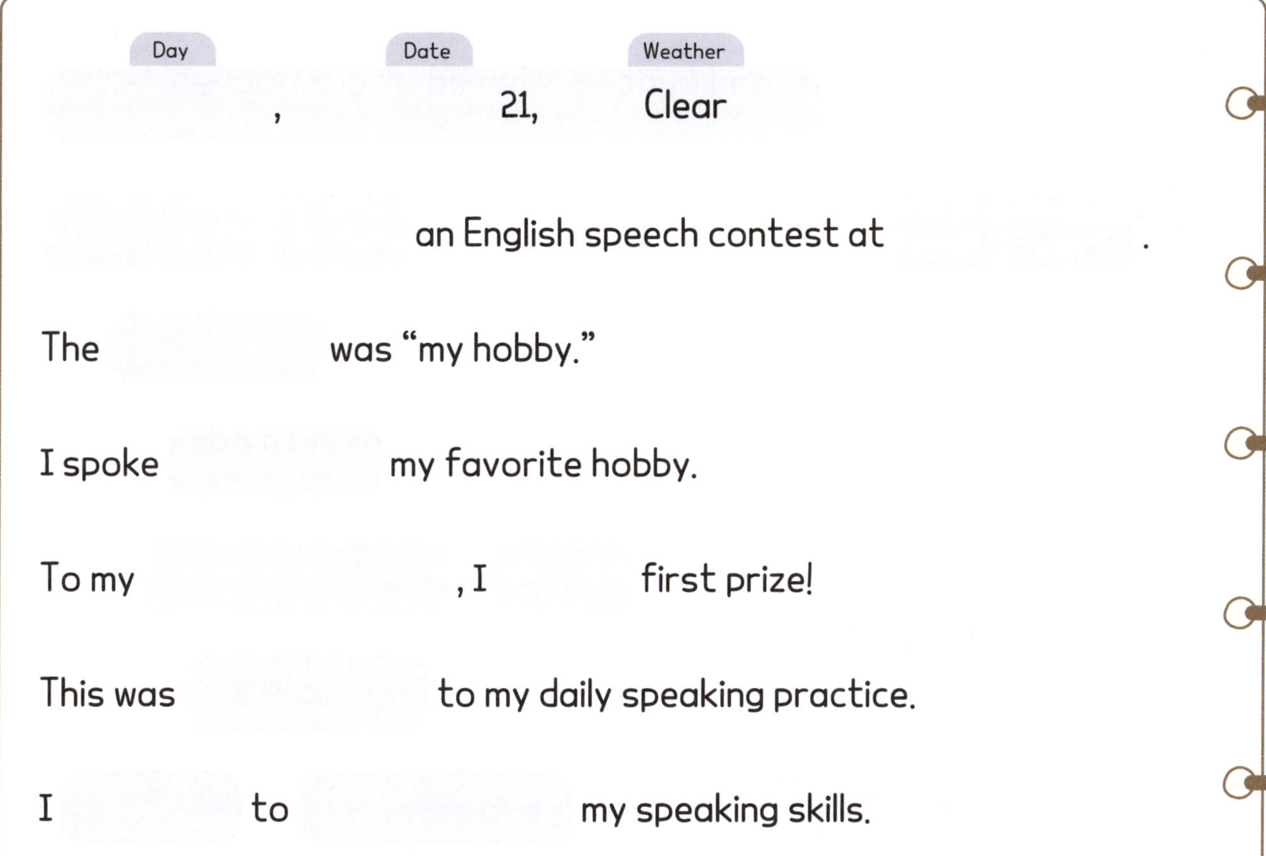

Words

speech 연설
hobby 취미
speak 말하다 과 spoke
favorite 가장 좋아하는
speaking 말하기

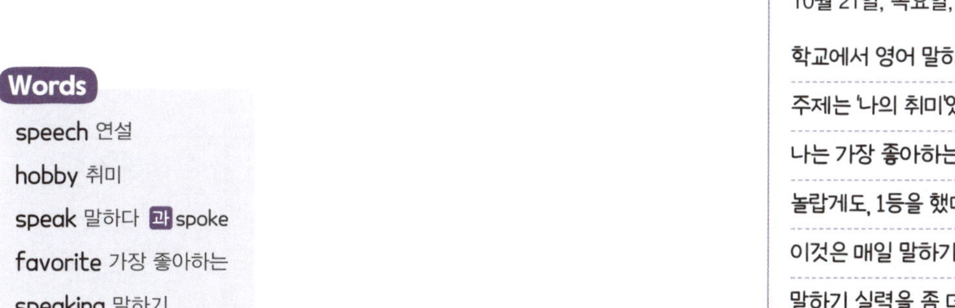

99

DAY 22 — Happy Chuseok
행복한 추석

🎧 **일기 듣기** 문장을 잘 듣고, 들은 표현을 골라 보세요. 🔊 22-01

Saturday, October 2, Cool

Today is Chuseok.

My grandparents, uncles, and aunts gathered at our house.

We (bought / made) *songpyeon* together and enjoyed many delicious (dishes / fish).

I stayed up late playing with my (brothers / cousins).

Before going to bed, we saw the (half / full) moon and made a wish.

This is the best Chuseok I've ever had.

Words

- grandparent (외)할아버지, 할머니
- delicious 맛있는
- dish 요리
- stay up late 늦게까지 자지 않다
- cousin 사촌
- full moon 보름달
- wish 소원

Verb Check

원형	gather	make	enjoy	stay	see
뜻	모이다	만들다	즐기다	머무르다	보다
과거형	gathered	made	enjoyed	stayed	saw

Day	Date	Weather
,	2,	

10월 2일, 토요일, 선선함

1 오늘은 추석이다. (오늘은 – ～이다 – 추석)

Today is

2 우리 집에 할아버지, 할머니, 삼촌, 고모들이 모였다. (할아버지, 할머니와 삼촌들과 고모들이 – 모였다 – 우리 집에)

3 우리는 함께 송편을 만들고 맛있는 음식을 많이 먹었다. (우리는 만들었다 – 송편을 – 함께 – 그리고 즐겼다 – 많은 맛있는 음식을)

4 나는 사촌들과 노느라 늦게까지 깨어 있었다. (나는 – 늦게까지 깨어 있었다 – 사촌들과 놀면서)

5 잠자리에 들기 전에, 우리는 보름달을 보고 소원을 빌었다. (잠자리에 들기 전에 – 우리는 – 봤다 – 보름달을 – 그리고 빌었다 – 소원을)

6 이제껏 보낸 추석 중 최고의 추석이다. (이번은 – ～이다 – 최고의 추석 – 내가 이제껏 가진)

🎧 듣기 정답 made | dishes | cousins | full

1

I stayed up late playing with my cousins.
나는 사촌들과 노느라 늦게까지 깨어 있었다.

* stay-stayed

● 나는 공부하느라 늦게까지 깨어 있다.　　　studying 공부하느라

I stay up late ________________________________

Tip
'나는 ~하느라 늦게까지 깨어 있다
[있었다]'는 'I stay[stayed] up
late + 동사ing'로 표현해요.

● 나는 영화를 보느라 늦게까지 깨어 있었다.　watching movies 영화를 보느라

____

2

Before going to bed, we saw the full moon.
잠자리에 들기 전에, 우리는 보름달을 보았다.

* see-saw

● 잠자리에 들기 전에, 나는 책을 읽었다.　　I read a book 나는 책을 읽었다

________________________ before going to bed.

Tip
'잠자리에 들기 전에(자기 전에)'
는 before going to bed로 표현
해요. 전치사 before 다음에 명
사나 동명사(동사원형 + ing) 형
태를 써요.
이 표현은 문장 앞이나 뒤에 자
유롭게 올 수 있어요.

● 잠자리에 들기 전에, 나는 이를 닦았다.　I brushed my teeth 나는 이를 닦았다

____

3

This is the best Chuseok I've ever had.
내가 이제껏 보낸 추석 중 최고의 추석이다.

* have-had-had

● 내가 먹어 본 것 중 최고의 음식이다.　　food 음식

This is the best ______________ I've ever had.

Tip
'내가 먹어 본(가진, 보낸) 최고의
~이다'는 형용사 good의 최상급
best를 써서 'This is the best +
명사 + I've ever had'로 표현해요.
I've는 I have를 줄인 말이에요.

● 내가 이제껏 보낸 휴일 중 최고의 휴일이다.　holiday 휴일

____

1 I stayed (**down** / **up**) late playing with my cousins.

2 Before (**go** / **going**) to bed, we (**saw** / **seeing**) the full moon.

3 This is the (**good** / **best**) Chuseok (**I've** / **I'm**) ever had.

📖 일기 써 보기 배운 표현을 이용하여 새로운 일기를 완성해 보세요. 🔊 22-03

Day	Date	Weather
,	22,	Chilly

My family ________ to my grandma's house.

My cousins and I wore *hanbok* and bowed to our elders.

Then, we ________ *tteokguk* together and played *yutnori*.

I ________ up ________ playing with my cousins.

Before ________ to bed, we saw the full moon and made a ________.

This is the ________ Lunar New Year's Day I've ever ________.

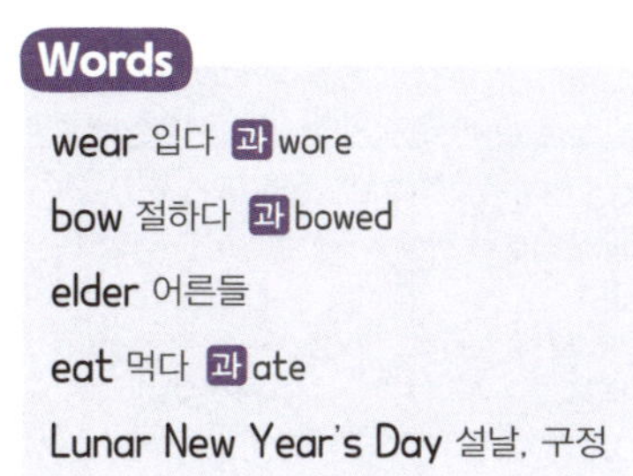

Words

wear 입다 과 wore
bow 절하다 과 bowed
elder 어른들
eat 먹다 과 ate
Lunar New Year's Day 설날. 구정

1월 22일, 화요일, 쌀쌀함

우리 가족은 할머니 댁에 갔다.

사촌들과 나는 한복을 입고 어른들께 세배를 드렸다.

그리고 나서 함께 떡국을 먹고 윷놀이를 했다.

나는 사촌들과 노느라 밤 늦게까지 있었다.

잠자리에 들기 전에, 우리는 보름달을 보며 소원을 빌었다.

내가 보낸 설날 중 최고의 설날이다.

Friday, October 31, Chilly

We had a Halloween party (at home / in class).

We wore spooky and funny costumes.

I dressed up as a (witch / watch), and my friends dressed up as ghosts and superheroes.

We (went / wore) trick-or-treating.

The teachers gave out some (snacks / sweets).

I'm already excited about the party next year.

Words

- Halloween 할로윈
- spooky 무서운
- costume 의상
- witch 마녀
- ghost 유령
- superhero 슈퍼히어로
- go trick-or-treating 사탕 받으러 가다
- sweet 단 것, 사탕
- already 벌써, 이미

Verb Check

원형	have	wear	dress up	go	give out
뜻	가지다	입다	변장을 하다	가다	나눠 주다
과거형	had	wore	dressed up	went	gave out

Day	Date	Weather
,	31,	10월 31일, 금요일, 쌀쌀함

1 우리는 수업 시간에 할로윈 파티를 했다.　(우리는 – 가졌다 – 할로윈 파티를 – 수업 시간에)

We had

2 우리는 무섭고 웃기는 의상을 입었다.　(우리는 – 입었다 – 무섭고 웃기는 의상을)

3 나는 마녀 분장을 했고, 내 친구들은 유령과 슈퍼히어로로 분장을 했다.
(나는 – 분장을 했다 – 마녀로 – 그리고 내 친구들은 – 분장을 했다 – 유령과 슈퍼히어로로)

4 우리는 사탕을 받으러 갔다.　(우리는 – 하러 갔다 – '과자를 안 주면 장난칠 거예요'를)

5 선생님들은 사탕을 나누어 주셨다.　(그 선생님들은 – 나누어 줬다 – 약간의 사탕을)

6 나는 벌써 내년 파티가 기대된다.　(나는 ~이다 – 벌써 기대되는 – 파티가 – 내년)

듣기 정답　in class | witch | went | sweets

1

We wore funny costumes.
우리는 웃기는 복장을 입었다.

* wear-wore

- 우리는 특수 안경을 착용한다.   special glasses 특수 안경

  We wear ________________________

- 우리는 파자마를 입었다.   pajamas 파자마, 잠옷

  ____

Tip

'우리는 ~를 입다[입었다]'는 'We wear[wore] + 목적어(명사)'로 표현해요. 동사 wear는 '입다, 쓰다, 신다, 착용하다'의 다양한 뜻이 있어요. 목적어로 옷, 안경, 양말, 신발 등이 올 수 있어요.

2

I dressed up as a witch.
나는 마녀 분장을 했다.

* dress up-dressed up

- 나는 마법사처럼 차려입었다.   a wizard 마법사

  I dressed up as ________________________

- 나는 좀비 분장을 했다.   a zombie 좀비

  ____

Tip

'나는 ~처럼 차려입었다(분장했다)'는 'I dressed up as + 명사'로 표현해요. 'as + 명사'는 '(누구)처럼'이라고 해석해요. as 뒤에는 캐릭터나 사람을, 옷이나 의상을 지칭할 때는 in을 써요.

3

I'm excited about the party.
나는 파티가 기대된다.

- 나는 테마 공원이 기대된다.   the theme park 테마 공원

  I'm excited about ________________________

- 나는 이번 여행이 기대된다.   this trip 이번 여행

  ____

Tip

'나는 ~가 기대된다'는 'I'm excited about + 명사(기대되는 대상)'로 표현해요.

Check up

1 We (wears / wore) funny costumes.

2 I (dressing / dressed) up (at / as) a witch.

3 I'm (excited / exciting) (about / for) the party.

📖 **일기 써 보기** 배운 표현을 이용하여 새로운 일기를 완성해 보세요.   🔊 23-03

Day	Date	Weather
,	23,	Windy

I ____ a pajama ____ with my friends.

On pajama day, we ____ our favorite pajamas.

I ____ up in animal ____ .

We ____ games and had a pillow fight.

We stayed up late watching movies.

I'm already ____ the party next ____ .

11월 23일, 토요일, 바람이 붐

나는 친구들과 파자마 파티를 했다.

파자마 파티 날에, 우리는 제일 좋아하는 파자마를 입었다.

나는 동물 잠옷을 입었다.

우리는 게임을 하고, 베개 싸움을 했다.

영화를 보며 늦게까지 깨어 있었다.

다음 달 파티가 벌써부터 기대된다.

Words

animal 동물

pillow fight 베개 싸움

month 달, 월

107

My Bad Eating Habits

나의 나쁜 식습관

Sunday, November 12, Cloudy

I decided to (**change** / **choose**) my eating habits.

I often (**drink** / **eat**) fast food like hamburgers and pizza.

I prefer junk food to fruit.

But strangely, my (**head** / **stomach**) hurts these days.

I had a stomachache today and ate only porridge.

From now on, I'll try to eat (**healthy** / **health**) food.

Words

- fast food 패스트푸드
- junk food 정크푸드
- strangely 이상하게도
- stomach 위, 배
- these days 요즘
- stomachache 배탈
- porridge 죽
- healthy 건강에 좋은

Verb Check

원형	decide	change	eat	prefer	hurt
뜻	결정하다	바꾸다	먹다	더 좋아하다	아프다
과거형	decided	changed	ate	prefered	hurt

Day	Date	Weather
,	12,	11월 12일, 일요일, 흐림

1 나는 나의 식습관을 바꾸기로 결심했다. (나는 – 결심했다 – 내 식습관들을 바꾸기로)

I decided

2 난 햄버거, 피자 같은 패스트푸드를 자주 먹는다. (나는 – 자주 먹는다 – 패스트푸드를 – 햄버거, 피자 같은)

3 나는 과일보다 정크푸드가 더 좋다. (나는 – 더 좋다 – 정크푸드가 – 과일보다)

4 그런데 이상하게, 요즘 배가 아프다. (그런데 이상하게 – 나의 배가 – 아프다 – 요즘)

5 오늘은 배탈이 나서 죽만 먹었다. (나는 – 가지고 있었다 – 복통을 – 오늘 – 그리고 먹었다 – 죽만)

6 이제부터는 건강에 좋은 음식을 먹도록 해야겠다. (이제부터는 – 나는 노력할 것이다 – 건강한 음식을 먹으려고)

🎧 듣기 정답 change | eat | stomach | healthy

① I decided to change my habits.

*decide-decided

나는 내 습관들을 바꾸기로 결심했다.

- 나는 더 열심히 공부하기로 결심했다.　　study harder 더 열심히 공부하다

  I decided to ______________________________

- 나는 물을 더 마시기로 결심했다.　　drink more water 물을 더 마시다

Tip
'나는 ~하기로 결심했다'는 'I decided to + 동사원형'으로 표현해요.

② I often eat fast food.

나는 패스트푸드를 자주 먹는다.

- 나는 샌드위치를 자주 먹는다.　　sandwiches 샌드위치

  I often eat ______________________________

- 나는 프라이드치킨을 자주 먹는다.　　fried chicken 프라이드치킨

Tip
'나는 자주 ~를 먹는다'는 'I often eat + 목적어(음식 이름)'로 표현해요. often(자주, 종종)은 빈도를 나타내는 부사예요. often 대신에 always(항상), sometimes(가끔)를 쓸 수 있어요.

③ I prefer junk food to fruit.

나는 과일보다 정크푸드가 더 좋다.

- 나는 야채보다 고기가 더 좋다.　　meat 고기 / vegetables 야채

  I prefer ____________ to ______________________

- 나는 춤추는 것보다 노래 부르는 게 더 좋다.　　singing 노래 부르기 / dancing 춤추기

Tip
'나는 B보다 A가 더 좋다'는 'I prefer A to B'로 표현해요. A와 B에는 명사 또는 동명사(동사원형 + ing)를 써요.

1 I decided (changing / to change) my habits.

2 I (eat often / often eat) fast food.

3 I prefer junk food (to / than) fruit.

📖 **일기 써 보기** 배운 표현을 이용하여 새로운 일기를 완성해 보세요. 🔊 24-03

Day	Date	Weather
,	24,	Fine

I ___________ to ___________ more water.

I ___________ drink soda and sweet drinks.

I ___________ Coke ___________ water.

But strangely, my teeth hurt yesterday.

I ___________ a toothache today and went to the ___________.

From now on, I'll ___________ to ___________ healthy drinks.

10월 24일, 월요일, 맑음

나는 물을 더 많이 마시기로 결심했다.

난 탄산음료랑 단 음료를 자주 마신다.

물보다 콜라를 더 좋아한다.

그런데 이상하게도, 어제 이가 아팠다.

오늘은 치통이 있어 치과에 갔다.

이제부터 건강한 음료를 마시려고 한다.

Words

drink 음료, 마시다 과 drank

soda 탄산 음료

teeth 이, 치아 (tooth의 복수형)

toothache 치통

go to the dentist 치과에 가다

Working Out Is Hard

운동은 힘들어

🎧 **일기 듣기** 문장을 잘 듣고, 들은 표현을 골라 보세요. 🔊 25-01

Monday, November 6, Windy

Today, I started working out.

I'm (losing / **gaining**) weight these days.

I (planning / **planned**) to jump rope for 10 minutes every day.

But I (**stopped** / finished) quickly!

I want to stay fit, but I (like / **don't like**) exercise.

I wish I could lose weight without working out.

Words

- work out 운동하다
- weight 체중
- jump rope 줄넘기 하다
- minute 분
- stay fit 건강을 유지하다
- exercise 운동
- could ~할 수 있었다

Verb Check

원형	start	gain	plan	stop	lose
뜻	시작하다	늘다	계획하다	멈추다	잃다
과거형	started	gained	planned	stopped	lost

Day	Date	Weather
,	6,	11월 6일, 월요일, 바람 붐

1 오늘부터 운동을 시작했다.　(오늘 – 나는 – 시작했다 – 운동하기를)

Today, I started

2 요즘 살이 찌고 있다.　(나는 늘고 있다 – 체중이 – 요즘)

3 매일 10분씩 줄넘기를 할 계획이었다.　(나는 – 계획했다 – 줄넘기를 – 10분씩 – 매일)

4 하지만 금방 포기했다!　(하지만 나는 – 그만뒀다 – 금방)

5 나는 건강하고 싶지만, 운동을 좋아하지 않는다.　(나는 – 원한다 – 건강하기를 – 그러나 나는 – 좋아하지 않는다 – 운동을)

6 운동 없이 살을 빼면 좋겠다.　(나는 바란다 – 내가 뺄 수 있다 – 살을 – 운동 없이)

🎧 듣기 정답 gaining | planned | stopped | don't like

❶

I started working out.
나는 운동을 시작했다.

* start-started

● 나는 7시에 조깅을 시작한다.

I start ___________________

jogging 조깅
at seven 7시에

Tip
'나는 ~를 시작한다[시작했다]'는
'I start[started] + 목적어'로 표현
해요. 목적어에는 명사나 동명사
형태를 써요.

● 나는 자료를 입력하기 시작했다.

entering data 자료를 입력하기

____

❷

I'm gaining weight.
나는 살이 찌고 있다.

● 나는 영어를 공부하고 있다.

I'm ___________________

studying English 영어를 공부하는 중

Tip
'나는 (지금) ~하고 있다(있는 중
이다)'는 'I'm + 동사ing'로 표현
하고, 현재 일어나고 있는 일을
나타내요.

● 나는 숙제를 하는 중이다.

doing my homework 숙제를 하는 중

____

❸

I planned to jump rope.
나는 줄넘기를 할 계획이었다.

* plan-planned

● 나는 음악가가 될 계획이다.

I plan to ___________________

be a musician 음악가가 되다

Tip
'나는 ~할 계획이다[계획이었다]'
는 'I plan[planned] to + 동사원
형'으로 표현해요.

● 나는 생일 파티를 할 계획이었다.

have a birthday party 생일 파티를 하다

____

Check up

1 I started (work / working) out.

2 I'm (gaining / to gain) weight.

3 I (planed / planned) to jump rope.

📖 일기 써 보기   배운 표현을 이용하여 새로운 일기를 완성해 보세요.   🔊 25-03

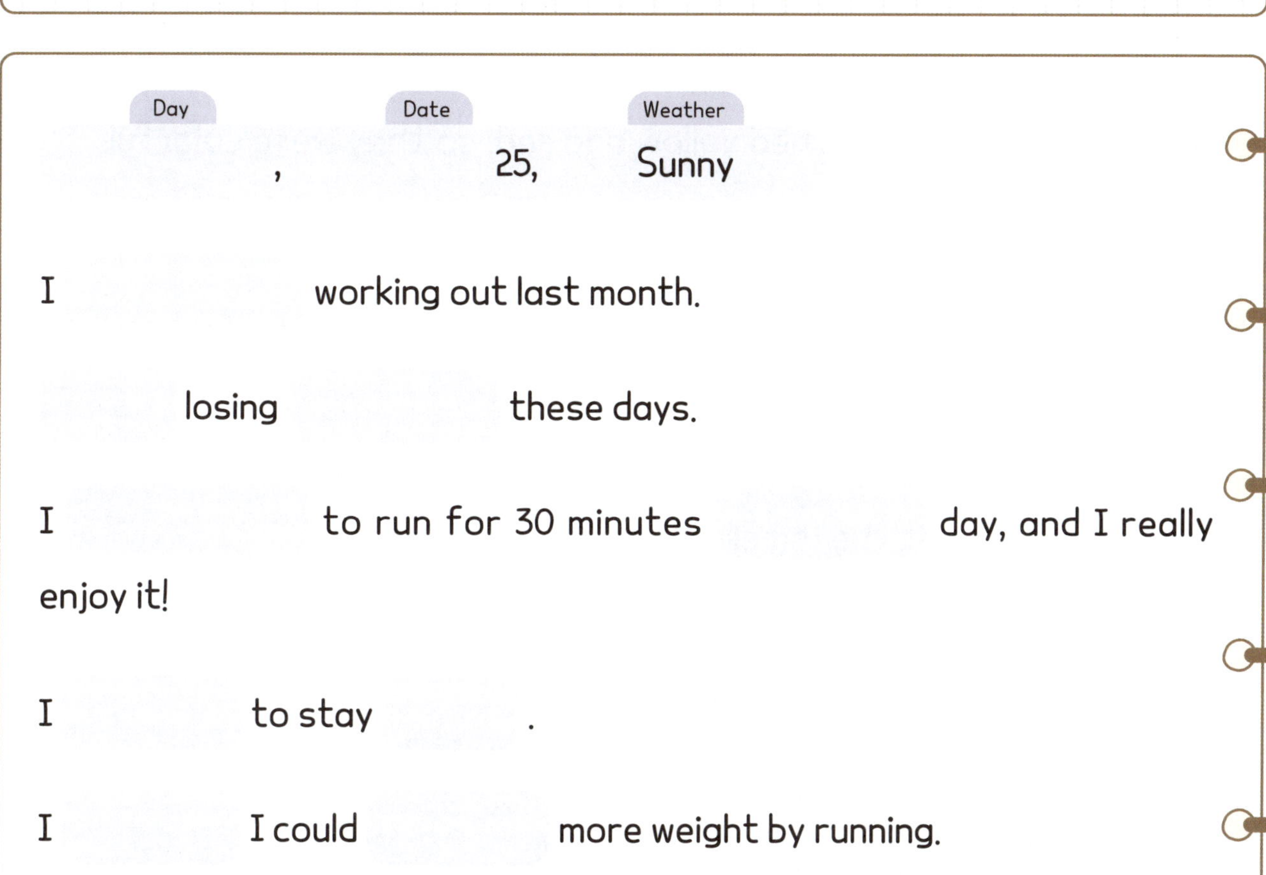

9월 25일, 토요일, 해가 쨍쨍

지난달부터 운동을 시작했다.

요즘 체중이 줄고 있다.

나는 매일 30분씩 달리기로 계획했는데, 정말 재미있다!

나는 건강을 유지하고 싶다.

달리기로 살을 좀 더 빼고 싶다.

Words

last month 지난 달

lose weight 살이 빠지다

by ~로

A Camping Trip
캠핑 여행

일기 듣기 문장을 잘 듣고, 들은 표현을 골라 보세요. 26-01

Saturday, October 17, Clear

My family went camping in Gapyeong.

The (**trees** / **leaves**) turned yellow and red, so they were colorful.

As soon as we arrived at the campsite, we set up our (**chair** / **tent**).

We started a campfire and (**sat** / **swam**) around it.

Then, we had a barbecue over the fire.

I will never forget the (**smell** / **taste**)!

Words

- yellow and red 노랗고 빨갛게
- colorful 알록달록한
- campsite 캠핑장
- around 사방에
- barbecue 바비큐
- fire 불
- taste 맛

Verb Check

원형	turn	arrive	set up	sit	forget
뜻	변하다	도착하다	설치하다	앉다	잊다
과거형	turned	arrived	set up	sat	forgot

Day	Date	Weather
,	17,	

10월 17일, 토요일, 맑음

1 우리 가족은 가평에 캠핑하러 갔다. (우리 가족은 – 캠핑하러 갔다 – 가평에)

My family went

2 단풍이 들어 울긋불긋했다. (잎이 – 변했다 – 노랗고 빨갛게 – 그래서 그것들은 – ~이었다 – 울긋불긋한)

3 우리는 캠핑장에 도착하자마자, 텐트를 쳤다. (우리가 도착하자마자 – 캠핑장에 – 우리는 – 쳤다 – 텐트를)

4 우리는 모닥불을 피우고 주위에 둘러앉았다. (우리는 – 시작했다 – 모닥불을 – 그리고 앉았다 – 주위에)

5 그런 뒤, 그 불에 바비큐도 했다. (그런 뒤 – 우리는 – 했다 – 바비큐를 – 불에)

6 나는 그 맛을 절대 잊지 못할 것이다! (나는 – 절대 잊지 못할 것이다 – 그 맛을)

🎧 듣기 정답 leaves | tent | sat | taste

①

The leaves turned yellow and red.

* turn-turned

나뭇잎들이 단풍이 들었다.

- 나뭇잎들이 누렇게 되었다.

brown 누렇게, 갈색의

__________ turned ______________________

> **Tip**
> '~가 (~한 상태로) 변했다(됐다)'는 '주어 + turned + 보어(형용사)'로 표현해요. 보어로 형용사를 써요.

- 그는 그 소식에 창백해졌다.

pale 창백한
at the news 그 소식에

____

②

As soon as we arrived, we set up our tent.

* arrive-arrived

우리는 도착하자마자, 텐트를 쳤다.

- 나는 집에 오자마자, 점심을 먹었다.

I got home 나는 집에 왔다
I had lunch 나는 점심을 먹었다

As soon as ______________ , __________________

> **Tip**
> '~하자마자, ~하자 곧'은 'As soon as + 주어 + 동사'로 표현해요. As soon as가 문장 앞에서 접속사 역할을 하므로 그 뒤에는 '주어 + 동사'의 완전한 문장을 써야 해요.

- 비가 그치자마자, 나는 떠났다.

it stopped raining 비가 그쳤다
I left 나는 떠났다

______________________ , __________________

③

I will never forget the taste!

나는 그 맛을 절대 잊지 못할 것이다!

- 나는 그녀를 절대 잊지 않을 것이다!

her 그녀

I will never forget ________________________

> **Tip**
> '나는 ~를 절대 잊지 않을 것이다'는 'I will never forget + 목적어(명사)'로 표현해요. 부사 never는 '절대 ~않는'의 뜻으로 문장 전체를 부정의 의미로 만들어요.

- 나는 너의 친절(은혜)을 절대 잊지 않을 것이다!

your kindness 너의 친절

____

1 The leaves (turned / turning) yellow and red.

2 As soon as we (arrive / arrived), we set up our tent.

3 I will (forget never / never forget) the taste!

📖 일기 써 보기 배운 표현을 이용하여 새로운 일기를 완성해 보세요. 🔊 26-03

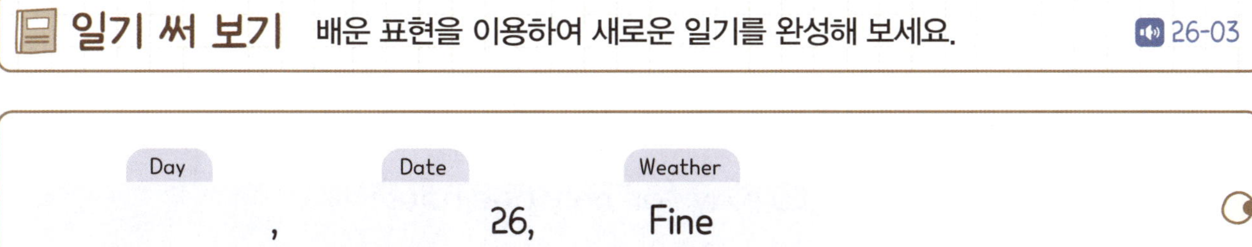

Day	Date	Weather
,	26,	Fine

My   hiking in the mountains.

The   were green, and the flowers were blooming.

          as we   at the trail, we began our hike.

We   together and enjoyed the beautiful weather.

Then, we had   under the trees.

I   always remember today's hike!

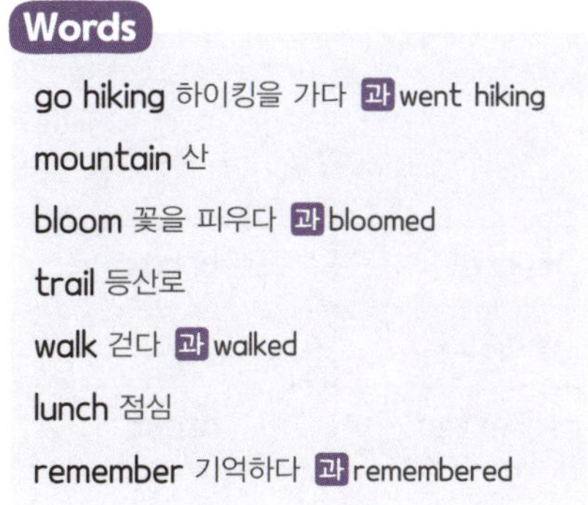

Words

go hiking 하이킹을 가다 [과]went hiking

mountain 산

bloom 꽃을 피우다 [과]bloomed

trail 등산로

walk 걷다 [과]walked

lunch 점심

remember 기억하다 [과]remembered

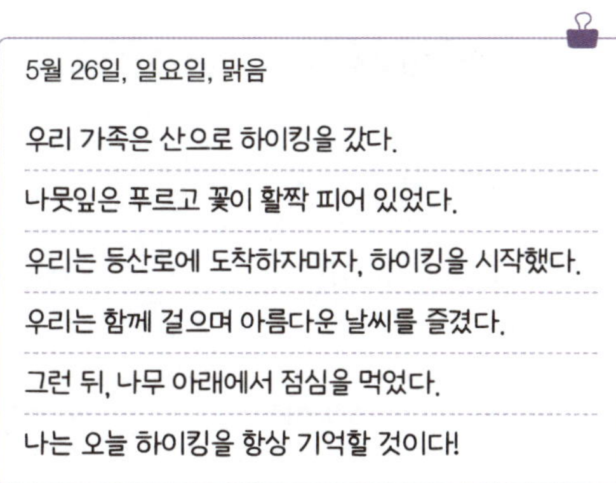

5월 26일, 일요일, 맑음

우리 가족은 산으로 하이킹을 갔다.

나뭇잎은 푸르고 꽃이 활짝 피어 있었다.

우리는 등산로에 도착하자마자, 하이킹을 시작했다.

우리는 함께 걸으며 아름다운 날씨를 즐겼다.

그런 뒤, 나무 아래에서 점심을 먹었다.

나는 오늘 하이킹을 항상 기억할 것이다!

Playing Games Too Much

게임을 너무 많이 해

🎧 **일기 듣기** 문장을 잘 듣고, 들은 표현을 골라 보세요.　🔊 27-01

Friday, August 21, Hot and Humid

I was banned from (play / **playing**) games today.

Yesterday, I promised to play for only one hour.

I planned to (**start** / **stop**) after one hour.

But the game was so (**exciting** / **boring**)!

Two hours later, I was surprised to (**see** / **hear**) my mom behind me.

I regret breaking my promise!

Words

- for ～동안
- only 오직, ～만
- hour 시간
- exciting 재미있는
- later 후에
- behind ～뒤에
- promise 약속

Verb Check

원형	ban	promise	plan	regret	break
뜻	금지하다	약속하다	계획하다	후회하다	깨다
과거형	banned	promised	planned	regretted	broke

Day	Date	Weather
,	21,	8월 21일, 금요일, 덥고 습함

1 오늘 게임 금지령이 내려졌다.　(나는 – 금지되었다 – 게임하는 것으로부터 – 오늘)

I was banned

2 어제 나는 한 시간만 (게임을) 하기로 약속했다.　(어제 – 나는 – 약속했다 – 한 시간만 하기로)

3 난 한 시간 후에 그만두려고 했다.　(나는 – 계획했다 – 멈추기로 – 한 시간 후에)

4 하지만 게임이 너무 재미있었다!　(그러나 그 게임은 – ~이었다 – 너무 재미있는)

5 두 시간 후, 내 뒤에 있는 엄마를 보고 깜짝 놀랐다.　(두 시간 후 – 나는 – ~이었다 – 깜짝 놀란 – 나의 엄마를 보고 – 내 뒤에)

6 나는 약속을 어긴 것을 후회한다!　(나는 – 후회한다 – 나의 약속을 깬 것을)

🎧 듣기 정답 playing | stop | exciting | see

1

I was banned from playing games.
나는 게임하는 것이 금지되었다.

* ban-banned-banned

- 나는 젤리를 못 먹게 되었다.

  eating jelly 젤리를 먹는 것

  I was banned from ______________________

- 나는 TV를 못 보게 되었다.

  watching TV TV를 보는 것

  ____

> **Tip**
> '나는 ~가 금지되었다(못 하게 되었다)'는 'I was banned from + 명사/동사ing'로 표현해요. 전치사 from 뒤에는 명사나 동명사(동사원형 + ing) 형태를 써요.

2

I promised to play for only one hour.
나는 한 시간만 하겠다고 약속했다.

* promise-promised

- 나는 일찍 일어나겠다고 약속했다.

  get up early 일찍 일어나다

  I promised to ______________________

- 나는 그녀를 기다리겠다고 약속했다.

  wait for her 그녀를 기다리다

> **Tip**
> '나는 ~하겠다고 약속했다'는 'I promised to + 동사원형'으로 표현해요.

3

I regret breaking my promise!
나는 약속을 어긴 것을 후회한다!

- 나는 이걸 산 것을 후회한다!

  buying this 이것을 산 것

  I regret ______________________

- 나는 그런 말을 한 것을 후회한다!

  saying that 그런 말을 한 것

> **Tip**
> '나는 (과거에) ~한 것을 후회하다'는 'I regret + 목적어'로 표현해요. 이때 목적어는 동명사(동사원형 + ing) 형태를 써요.

1 I was (**banned**/ban) from playing games.

2 I promised (play/**to play**) for only one hour.

3 I regret (**breaking**/to break) my promise!

📖 일기 써 보기 배운 표현을 이용하여 새로운 일기를 완성해 보세요. 🔊 27-03

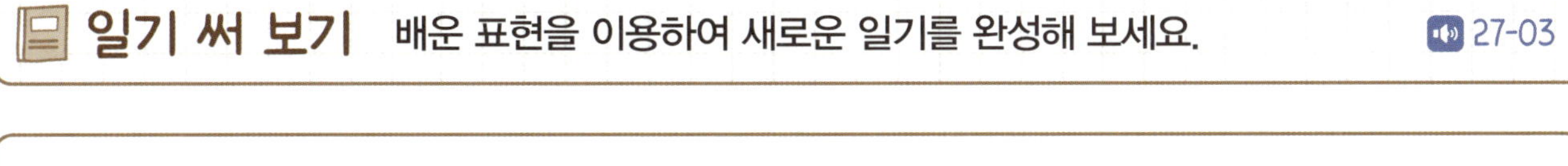

Day	Date	Weather
,	27,	Windy

I was   using the tablet.

Yesterday, I   to   games for only thirty minutes.

I   to do my homework after that.

But the   was so   !

Two   later, I was surprised to   my dad next to me.

I   breaking my   !

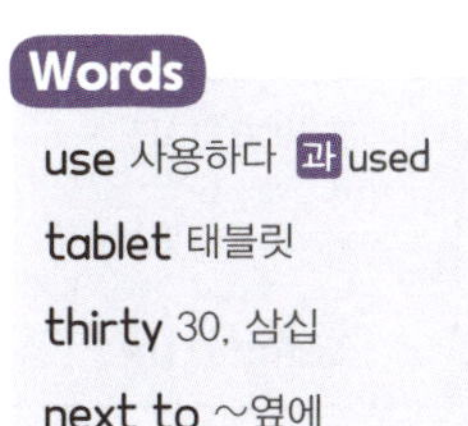

Words

use 사용하다 과 used

tablet 태블릿

thirty 30, 삼십

next to ~옆에

10월 27일, 수요일, 바람 붐

나는 태블릿 사용이 금지되었다.

어제 나는 30분만 게임을 하기로 약속했다.

난 그 후에 숙제를 할 계획이었다.

하지만 게임이 너무 재미있었다!

두 시간 후, 옆에 계신 아빠를 보고 깜짝 놀랐다.

약속을 어긴 것을 후회한다!

My Dream Job
내가 꿈꾸는 직업

🎧 **일기 듣기** 문장을 잘 듣고, 들은 표현을 골라 보세요. 🔊 28-01

Tuesday, September 5, Clear

My dream is to be a computer programmer.

I wanted to be a teacher, but now I've changed my mind.

I (heard / watched) an online interview with a computer programmer.

She develops fun (learning / doing) games.

I want to make the world a (better / butter) place.

I hope my (day / dream) comes true!

Words

- dream 꿈
- programmer 프로그래머
- mind 마음(생각)
- interview 인터뷰
- learning game 학습 게임
- better 더 좋은
- place 곳, 장소

Verb Check

원형	change	watch	develop	hope	come true
뜻	바꾸다	보다	개발하다	희망하다	이루어지다
과거형	changed	watched	developed	hoped	came true

Day	Date	Weather
,	5,	9월 5일, 화요일, 맑음

1 내 꿈은 컴퓨터 프로그래머가 되는 것이다.   (내 꿈은 – ~이다 – 컴퓨터 프로그래머가 되는 것)

My dream is

2 선생님이 되고 싶었는데 지금은 마음이 바뀌었다.   (나는 – 원했다 – 교사가 되기를 – 그러나 지금 – 나는 바꾸었다 – 나의 마음을)

3 나는 컴퓨터 프로그래머와의 TV 인터뷰를 봤다.   (나는 – 봤다 – 온라인 인터뷰를 – 한 컴퓨터 프로그래머와의)

4 그녀는 재미있는 학습 게임을 개발한다.   (그녀는 – 개발한다 – 재미있는 학습 게임을)

5 나는 세상을 더 나은 곳으로 만들고 싶다.   (나는 – 원한다 – 만드는 것을 – 세상을 – 더 나은 곳으로)

6 내 꿈이 이루어지길 바란다!   (나는 – 바란다 – 내 꿈이 이루어지길)

🎧 듣기 정답 watched | learning | better | dream

1

My dream is to be a computer programmer.
내 꿈은 컴퓨터 프로그래머가 되는 것이다.

● 내 꿈은 건축가가 되는 것이다.

an architect 건축가

My dream is to be ___________________________

● 내 꿈은 게임 디자이너가 되는 것이다.

a game designer 게임 디자이너

____

Tip
'내 꿈은 ~가 되는 것이다'는 'My dream is to be + 명사(직업)'로 표현해요. 직업을 나타내는 명사 앞에는 보통 a/an을 써요.

2

I want to make the world a better place.
나는 세상을 더 나은 곳으로 만들고 싶다.

● 나는 내 방을 깨끗하게 하고 싶다.

my room 내 방
clean 깨끗한

I want to make ___________________________

● 나는 그녀를 웃게 하고 싶다.

her 그녀
smile 웃다

____

Tip
'나는 A를 B가 되게 만들고 싶다'는 'I want to make A(목적어) + B(목적보어)'로 표현해요. A에는 변화시키고 싶은 대상을 쓰고, B에는 변화된 상태를 나타내는 명사나 형용사, 동사원형을 쓰면 돼요.

3

I hope my dream comes true.
나는 내 꿈이 이루어지길 바란다.

● 네가 무사하길 바란다.

you're okay 네가 무사하다

I hope ___________________________

● 비가 안 오면 좋겠다.

it doesn't rain 비가 안 오다

____

Tip
'나는 ~를 바란다(~하면 좋겠다)'는 'I hope (that) + 주어 + 동사'로 표현해요. 이때 that은 생략할 수 있어요.

Check up

1 My dream is (**be** / **to be**) a computer programmer.

2 I want (**making** / **to make**) the world a better place.

3 I hope my dream (**comes** / **coming**) true.

📖 **일기 써 보기** 배운 표현을 이용하여 새로운 일기를 완성해 보세요. 🔊 28-03

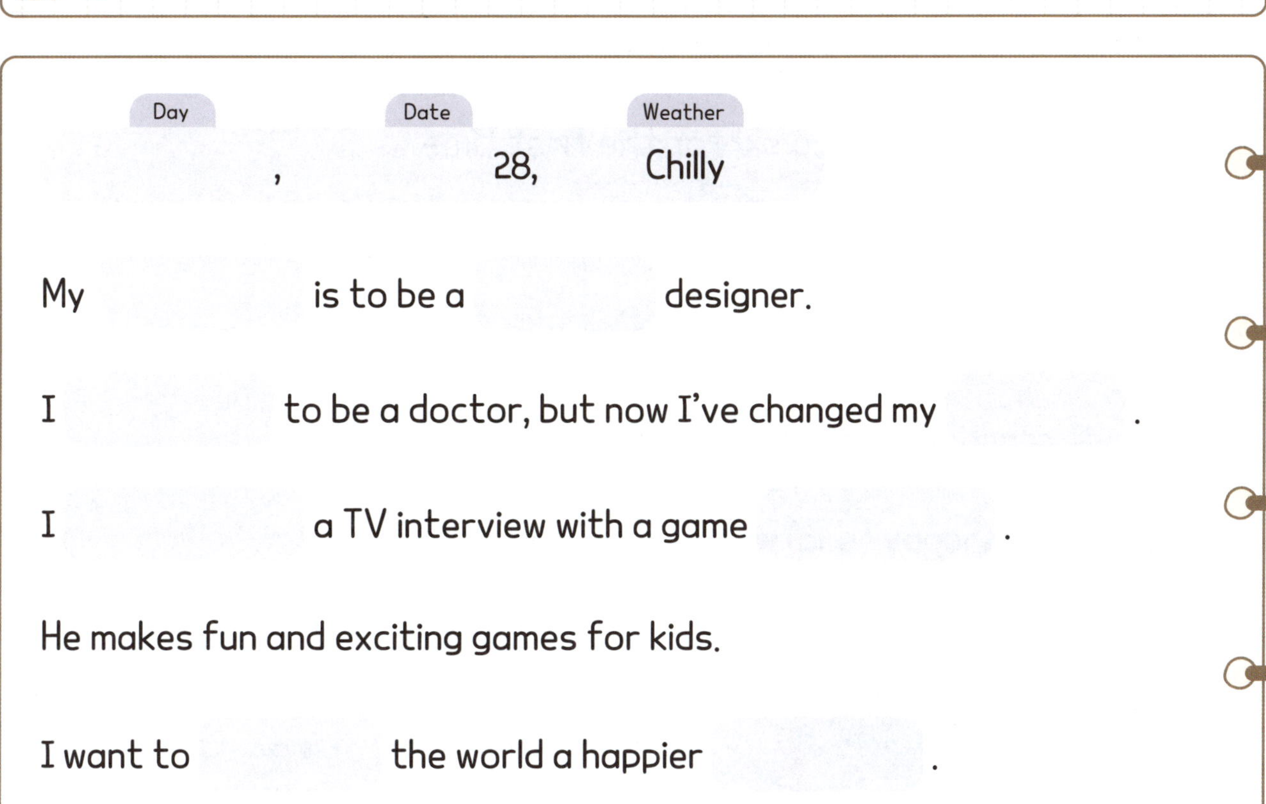

11월 28일, 목요일, 쌀쌀함

내 꿈은 게임 디자이너가 되는 것이다.

의사가 되고 싶었는데 지금은 마음이 바뀌었다.

나는 한 게임 디자이너와의 TV 인터뷰를 봤다.

그는 아이들을 위한 재미있고 신나는 게임을 만든다.

나는 세상을 더 행복한 곳으로 만들고 싶다.

나는 내 꿈이 이루어지길 바란다.

Words

doctor 의사

for kids 아이들을 위한

happier 더 행복한

My First Ski Camp

나의 첫 스키 캠프

Friday, January 20, Cold

I participated in a (skate / ski) camp.

I learned (what / how) to ski for the first time.

It was scary to ride the (lift / car).

I fell down several times while skiing.

I almost crashed into someone else.

But I was so (happy / sad) when I went down the slope.

Words

- **for the first time** 처음으로
- **scary** 무서운
- **lift** 리프트
- **several times** 여러 차례
- **almost** 거의
- **someone** 어떤 사람
- **slope** 비탈, 슬로프

Verb Check

원형	participate	learn	ride	fall	crash
뜻	참가하다	배우다	타다	넘어지다	충돌하다
과거형	participated	learned	rode	fell	crashed

Day	Date	Weather
,	20,	

1월 20일, 금요일, 추움

1 스키 캠프에 참가했다. (나는 – 참가했다 – 스키 캠프에)

I participated in

2 처음으로 스키 타는 법을 배웠다. (나는 – 배웠다 – 스키 타는 법을 – 처음으로)

3 리프트를 타는 게 무서웠다. (〜이었다 – 무서운 – 리프트를 타는 것은)

4 스키를 타다가 여러 번 넘어졌다. (나는 – 넘어졌다 – 여러 번 – 스키를 타는 동안)

5 나는 다른 사람과 부딪힐 뻔했다. (나는 – 거의 충돌했다 – 다른 사람과)

6 그러나 슬로프를 내려갔을 때는 너무 기뻤다. (그러나 나는 – 〜이었다 – 너무 기쁜 – 내려갔을 때 – 슬로프를)

🎧 듣기 정답 ski | how | lift | happy

①

I participated in a ski camp.
나는 스키 캠프에 참가했다.

* participate-participated

- 나는 동아리 활동에 참여했다.　　　　　　　a club 동아리 활동

  I participated in ___________________________

- 나는 토론에 참가했다.　　　　　　　　　the debate 토론

  ____

Tip

'나는 ~에 참가하다[참가했다]'는 'I participate[participated] in + 명사'로 표현해요. 전치사 in 뒤에는 모임이나 활동, 대회를 나타내는 명사를 써요.

②

I learned how to ski.
나는 스키 타는 법을 배웠다.

* learn-learned

- 나는 춤추는 법을 배웠다.　　　　　　　　dance 춤추다

  I learned how to ___________________________

- 나는 중국어로 말하는 법을 배웠다.　　speak Chinese 중국어로 말하다

Tip

'나는 ~하는 것(법)을 배웠다'는 'I learned how to + 동사원형'으로 표현해요.

③

I fell down several times while skiing.
나는 스키를 타면서 여러 번 넘어졌다.

* fall - fell

- 나는 스케이트를 타다가 목도리를 잃어버렸다.　skating 스케이트를 타며

  I lost my muffler while ___________________________

- 나는 농구를 하다가 손가락을 다쳤다.　　hurt my finger 손가락을 다쳤다
　　　　　　　　　　　　　　　　　　playing basketball 농구를 하며

Tip

'~하는 동안(~하다가)'은 접속사 while을 써서 표현해요. 접속사 while 뒤에는 '주어 + 동사'의 문장을 써야 하지만, 주어와 be동사는 생략할 수 있어요. while skiing은 while I was skiing을 줄인 표현이에요.

Check up

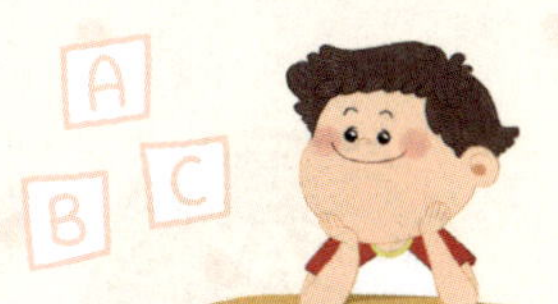

1 I participated (in / at) a ski camp.

2 I learned (how skiing / how to ski).

3 I fell down several times while (ski / skiing).

일기 써 보기 배운 표현을 이용하여 새로운 일기를 완성해 보세요. 29-03

Day ______ , Date ______ 29, Weather Cold

I participated ______ a skating ______ .

I ______ ______ to skate for the first time.

It ______ scary to step onto the rink.

I ______ down several times ______ skating.

I almost ______ into someone else.

But I ______ so excited when I skated across the rink.

Words

skate 스케이트(를 타다) 과 skated

step 밟다, 내딛다 과 stepped

rink (= skating rink) 스케이트장

excited 신이 난

across 가로질러

12월 29일, 수요일, 추움

스케이트 캠프에 참가했다.

나는 처음으로 스케이트 타는 법을 배웠다.

스케이트장에 발을 내딛는 것이 무서웠다.

스케이트를 타다가 여러 번 넘어졌다.

나는 다른 사람과 부딪힐 뻔했다.

그러나 스케이트장을 가로질러 스케이트를 탔을 때는 정말 신났다.

Waiting for Christmas
크리스마스를 기다리며

🎧 **일기 듣기** 문장을 잘 듣고, 들은 표현을 골라 보세요.   🔊 30-01

Saturday, December 24, Snowy

Christmas is my favorite time of the (**month** / **year**).

I decorated the Christmas (**tree** / **present**) with my family.

We happily (**sang** / **sing**) Christmas carols.

On Christmas, I always get presents.

I wonder what I'll (**get** / **buy**) this year.

I'm looking forward to Christmas. Merry Christmas!

Words
- Christmas 크리스마스
- happily 행복하게, 즐겁게
- carol 캐롤
- present 선물
- look forward to ～를 기대하다

Verb Check

원형	decorate	sing	get	wonder	look
뜻	장식하다	노래하다	얻다, 받다	궁금하다	보다
과거형	decorated	sang	got	wondered	looked

Day	Date	Weather
,	24,	12월 24일, 토요일, 눈 내림

1 크리스마스는 일 년 중 가장 좋아하는 때이다. (크리스마스는 – ~이다 – 나의 가장 좋아하는 때 – 일 년 중)

Christmas is

2 나는 가족과 함께 크리스마스 트리를 장식했다. (나는 – 장식했다 – 크리스마스 트리를 – 가족과)

3 우리는 즐겁게 크리스마스 캐롤을 불렀다. (우리는 – 즐겁게 불렀다 – 크리스마스 캐롤을)

4 크리스마스에는 항상 선물을 받는다. (크리스마스에 – 나는 – 항상 받는다 – 선물을)

5 올해 무엇을 받을지 궁금하다. (나는 – 궁금하다 – 내가 무엇을 받을지 – 올해)

6 크리스마스가 정말 기대된다. 메리 크리스마스! (나는 – 기대하고 있다 – 크리스마스를)

🎧 듣기 정답 year | tree | sang | get

❶ Christmas is my favorite time of the year.

크리스마스는 일 년 중 내가 가장 좋아하는 때이다.

● 포도는 내가 가장 좋아하는 과일이다.

grapes 포도
fruit 과일

___________ are my favorite ___________________

● 초록색은 내가 가장 좋아하는 색이다.

green 초록색
color 색

Tip
'~는 내가 가장 좋아하는 ~이다'는 '주어 + be동사 + my favorite + 명사(좋아하는 것)'로 표현해요. be동사는 주어가 단수인 경우 is 를, 복수인 경우 are를 써요.

❷ I wonder what I'll get.

나는 무엇을 받을지 궁금하다.

● 나는 네가 무엇을 생각하는지 궁금하다.

what you think 네가 무엇을 생각하는지

I wonder ___________________________________

● 나는 그가 누구인지 궁금하다.

who he is 그가 누구인지

Tip
'나는 ~인지 궁금하다'는 'I wonder + 의문사 + 주어 + 동사'로 표현해요. 이때 의문사는 who, what, where, how, why를 쓸 수 있어요.

❸ I'm looking forward to Christmas.

나는 크리스마스를 기대하고 있다.

● 나는 이번 주말을 기대하고 있다.

this weekend 이번 주말

I'm looking forward to ___________________________

● 나는 너를 만나길 기대하고 있다.

seeing you 너를 만나기

Tip
'나는 ~를 기대하고 있다'는 'I'm looking forward to + 명사/동사ing'로 표현해요. 전치사 to 뒤에는 명사나 동명사(동사원형 + ing) 형태를 써서 기대하는 내용을 표현해요.

1 Christmas (is / are) my favorite time of the year.

2 I wonder (what / when) I'll get.

3 I'm (look / looking) forward (to / for) Christmas.

📖 일기 써 보기 배운 표현을 이용하여 새로운 일기를 완성해 보세요. 🔊 30-03

Day	Date	Weather
,	25,	Very Cold

Today is Christmas, my ___________ day of the ___________!

My ___________ had a special ___________ together.

We happily ___________ Christmas ___________.

I got some ___________ from my parents.

I felt so excited and thanked them.

I'm already ___________ forward to ___________ next year!

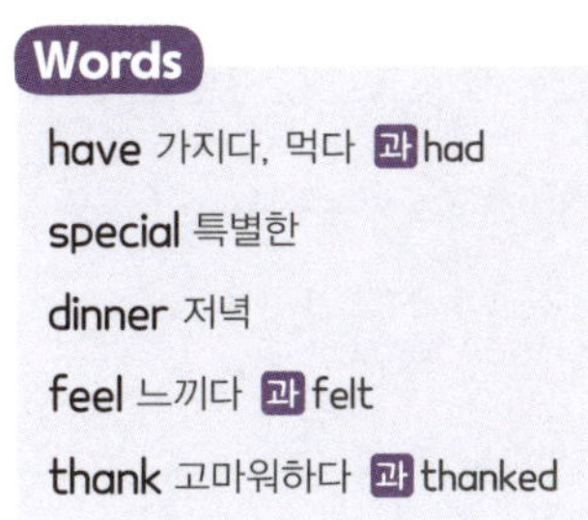

Words

have 가지다, 먹다 과 had

special 특별한

dinner 저녁

feel 느끼다 과 felt

thank 고마워하다 과 thanked

12월 25일, 화요일, 아주 추움

오늘은 일 년 중 내가 가장 좋아하는 크리스마스이다!

우리 가족은 특별한 저녁 식사를 같이 했다.

우리는 즐겁게 크리스마스 캐롤을 불렀다.

나는 부모님께 선물을 받았다.

나는 너무 기뻤고 부모님께 감사했다.

벌써부터 내년 크리스마스가 기대된다!

BIRTHDAY INTERVIEW

An Interview with My Family or Friend!

● 생일을 맞은 형제자매(또는 친구)를 인터뷰하고 대답을 써 보세요.

	Questions	Answers
1	**What's your name?** 이름이 뭐예요?	I am __________ __________. First Name Last Name
2	**How old are you?** 몇 살이에요?	I am __________ years old. Number
3	**What's your favorite food?** 가장 좋아하는 음식은 뭐예요?	I love __________. Food Name
4	**What's your favorite color?** 가장 좋아하는 색은 뭐예요?	My favorite color is __________. Color Name
5	**What are you scared of?** 무서워하는 것은 뭐예요?	I'm scared of __________. Thing / Name
6	**What are you good at?** 잘하는 것은 뭐예요?	I'm good at __________. Activity
7	**What do you like to play?** 좋아하는 놀이는 뭐예요?	I like to play __________. Favorite Activity

 **생일을 맞은 사람에게 질문을 던져서 그 사람의 생각, 감정, 관심사 등을 기록해 보세요.**

● 인터뷰한 내용을 정리해서 써 보세요.

| Day | Date | Weather |

, ,

________ ________ **is my** ________ .

First Name   Last Name   Relationship

________ **is** ________ **years old.**

He or She   Number

________ **loves** ________ .

He or She   Food Name

________ **favorite color is** ________ .

His or Her   Color Name

________ **is scared of** ________ .

He or She   Thing / Name

________ **is good at** ________ .

He or She   Activity

________ **likes to play** ________ .

He or She   Favorite Activity

DAY 01

🔍 패턴 표현 익히기

❶ I like reading books.
I like learning English.

❷ I will make plans.
I will buy a book.

❸ The movie is so much fun!
Camping is so much fun!

Check up

1 writing   2 will   3 is

📖 일기 써 보기

Tuesday, January 1, Cold
I made winter vacation plans today.
My dad encouraged me to start a book journal.
I like reading books.
So I will keep a book journal.
First, I bought a new notebook.
Reading books is so much fun!

DAY 02

🔍 패턴 표현 익히기

❶ I go to school at eight.
I went to the museum yesterday.

❷ I finished the cake.
I finished cleaning my room.

❸ I am going to watch a movie.
I am going to stop here.

Check up

1 to   2 reading   3 to return

📖 일기 써 보기

Wednesday, February 2, Cloudy
I went to the school library today.
I borrowed two detective storybooks.
I finished reading them in two hours.
The stories were so mysterious and exciting.
I couldn't stop reading!
I'm going to return the books this Saturday.

DAY 03

🔍 패턴 표현 익히기

❶ I spend a holiday with my family.
I spent two hours with my friends.

❷ I have to do my homework.
I had to take some medicine.

❸ I try my best to win.
I tried my best to follow the rules.

Check up

1 I spent, with   2 had to   3 to make

📖 일기 써 보기

Sunday, March 3, Bright
I spent the morning with my sister today.
I had to take care of her because my parents were busy.
She followed me around.
I tried my best to make her laugh.
We played games and built a Lego castle together.
My sister is so sweet.

DAY 04

🔍 패턴 표현 익히기

❶ I am good at singing.
   I am good at drawing.

❷ It's fun to watch birds.
   It's fun to study English.

❸ My new hobby is drawing birds.
   My new hobby is dancing.

Check up

1 good at   2 It's, to learn   3 new hobby

📖 일기 써 보기

Friday, April 4, Warm
I bought a new sketchbook today.
I'm good at drawing.
I drew some cranes and parrots.
It's fun to watch birds.
Tomorrow, I'm going to draw more birds.
From today, my new hobby is drawing birds.

DAY 05

🔍 패턴 표현 익히기

❶ Summer vacation started today.
   The rainy season started today.

❷ I really like my new shoes.
   I really like my new hairstyle.

❸ I'm so sorry.
   I'm so happy.

Check up

1 started   2 really like   3 I'm so

📖 일기 써 보기

Monday, August 5, Hot and Sunny
My summer vacation started today.
I was so excited and talked a lot.
I went shopping with my mom.
I bought a new dress and sneakers.
I really like my new shoes.
I'm so happy!

DAY 06

🔍 패턴 표현 익히기

❶ I don't have time for a workout.
   I didn't have time for lunch.

❷ I usually get up early.
   I usually study in the evening.

❸ Luckily, I arrived before the sun set.
   Luckily, I arrived in time.

Check up

1 for   2 usually walk   3 Luckily, arrived

📖 일기 써 보기

Wednesday, May 6, Cloudy
Today, I woke up late.
I didn't have time for breakfast.
I usually go to bed early.
But I stayed up late last night.
Luckily, I arrived at school before it started.
Tonight, I'll go to bed early.

DAY 07

🔍 패턴 표현 익히기

❶ I had an argument with my brother.
I had an argument with my mom.

❷ I never thought you would be sad.
I never thought she would win.

❸ I need to get some sleep.
I need to arrive by five.

Check up

1 an, with   **2** never, be   **3** to think

📖 일기 써 보기

Saturday, May 7, Warm

Today, I **had** an argument **with** Sujin.

I **said** something without thinking, and she cried loudly.

I **never** thought she would be so **sad**.

I said **sorry** first, and we **made** up.

I **need** to think **first** before I speak.

DAY 08

🔍 패턴 표현 익히기

❶ I lost my passport.
I lost my earphones.

❷ I felt good.
I felt bad.

❸ I think I should leave now.
I think I should tell you.

Check up

1 lost   **2** felt   **3** be

📖 일기 써 보기

Friday, June 8, Rainy

I **lost** my earphones at **school** today.

I **felt** bad on my way **home**.

I **left** my pencil case in the **library** yesterday.

My mom **tried** not to get **mad**.

I'm so **sorry**, Mom!

I think I **should** be more **careful**.

DAY 09

🔍 패턴 표현 익히기

❶ I go skiing.
I went swimming.

❷ It's a popular color these days.
It's a popular style these days.

❸ I am happy with my choice.
I am happy with my new house.

Check up

1 shopping   **2** It's, days   **3** with

📖 일기 써 보기

Thursday, August 9, Hot and Humid

I **went** shopping **for** a swimsuit **with** my mom.

I **picked** a navy blue one.

It's a **popular** color these days.

I am **happy** with my choice.

My **friend** Minho has one in red.

I'll ask him to **go swimming** with me tomorrow.

DAY 10

🔍 패턴 표현 익히기

❶ It is Children's Day today.
   It is my 11th birthday today.

❷ I buy flowers for my mom.
   I bought a gift for my friend.

❸ We enjoy our vacation.
   We enjoyed playing soccer.

Check up

1 was   **2** bought, for   **3** enjoyed

📋 일기 써 보기

Tuesday, June 10, Cloudy

It was Leo's birthday today.

I was invited to his birthday party.

I bought a soccer ball for him.

I was happy that he loved my present.

We enjoyed cake and board games.

We had great fun at the party!

DAY 11

🔍 패턴 표현 익히기

❶ I don't have much homework.
   I didn't have much time.

❷ I make butter and cheese.
   I made a cake and candles.

❸ It was nice to see you.
   It was nice to have a goal.

Check up

1 have, much   **2** made   **3** It, to see

📋 일기 써 보기

Saturday, June 11, Sunny

It's my mother's birthday today.

I wanted to give my mother something special.

But I didn't have much money or time.

So I made a handmade card and her favorite snack.

She was very surprised and thanked me.

It was so nice to see her happy smile.

DAY 12

🔍 패턴 표현 익히기

❶ We ate ice cream for dessert.
   We ate bacon and eggs for breakfast.

❷ We play rock-paper-scissors.
   We played baseball.

❸ I hope to see you next time.
   I hope to go on another adventure.

Check up

1 ate, for   **2** played   **3** to go

📋 일기 써 보기

Sunday, June 12, Clear

My family went on a hiking trip in the mountains.

We ate rice balls and fruit for lunch.

After lunch, we played rock-paper-scissors.

We also climbed to a lookout spot and took pictures.

All of my family loves the outdoors.

I hope to go on another adventure soon!

DAY 13

🔍 패턴 표현 익히기

❶ I'm in charge of the dance part.
I'm in charge of walking the dog.

❷ It's hard to say.
It's hard to understand.

❸ It's good for your eyes.
It's good for my brain.

Check up

1 feeding   **2** hard   **3** for

📖 일기 써 보기

Tuesday, July 13, Hot and Sunny
My family **adopted** a parrot.
We call her Coco.
I'm **in charge** of teaching her words and cleaning her cage.
It's hard to keep her quiet.
But she gives us lots of laughs.
Coco **is like** a chatty **sister** to me.

DAY 14

🔍 패턴 표현 익히기

❶ I learn about Korean history.
I learned about ancient Egypt.

❷ History is my favorite subject.
Math is my favorite subject.

❸ I'm interested in music.
I'm interested in art.

Check up

1 about   **2** is   **3** interested

📖 일기 써 보기

Monday, September 14, Fine
I **learned about** ancient Egypt in history class.
History is my favorite **subject**.
I'm **interested in** pharaohs and pyramids.
I found today's class **exciting**.
I felt like **time flew during** history class!
I **want to** visit the pyramids in Egypt someday.

DAY 15

🔍 패턴 표현 익히기

❶ I have a lot of friends.
I had a lot of fun.

❷ I don't feel like dancing.
I didn't feel like going to bed.

❸ I really hate the cold.
I really hate taking exams.

Check up

1 a lot of   **2** doing   **3** really hate

📖 일기 써 보기

Wednesday, September 15, Bright
I had a lot of fun today.
I didn't **feel like** going to bed.
I **played** with my friends **until** late at night.
We **danced** to new songs and played board games.
I **didn't** get any **rest** before bedtime.
I **really hate** that today is ending!

DAY 16

🔍 패턴 표현 익히기

❶ I had a toothache.

I have a runny nose.

❷ The nurse told me to wait here.

My mom told me to come home early.

❸ I want to help you.

I want to take good care of my teeth.

Check up

1 have   **2** told, to get   **3** to get

📖 일기 써 보기

Thursday, December 16, Chilly

I went to see the dentist today.

I had a bad toothache.

I had a cavity in one of my teeth.

The dentist pulled the tooth.

She told me to brush my teeth every day.

I want to take good care of my teeth.

DAY 17

🔍 패턴 표현 익히기

❶ It snowed all day.

It was cold all day.

❷ It was as white as snow.

She was as busy as a bee.

❸ Her name came to mind.

Two things came to mind.

Check up

1 It, day   **2** as, as   **3** came

📖 일기 써 보기

Sunday, January 17, Snowy

It snowed all day today.

The snow has become heavier.

Even at night, it was as bright as day.

I couldn't play outside because of the weather.

A song came to mind.

Snow, snow, go away. Come again another day!

I hope it stops snowing soon.

DAY 18

🔍 패턴 표현 익히기

❶ It is so hot in summer.

It was freezing all day.

❷ I'm sensitive to the cold.

I'm sensitive to the noise.

❸ I wish it would stop raining soon.

I wish it would warm up soon.

Check up

1 It   **2** to   **3** wish, rain

📖 일기 써 보기

Saturday, January 18, Very Cold

It was freezing and windy all day.

I'm sensitive to the cold.

So I took a warm shower.

After some warm soup, I drank hot chocolate.

Even at home, I wore thick socks and a sweater.

I wish spring would come soon.

DAY 19

🔍 패턴 표현 익히기

❶ I play with my friends.
I played with sand.

❷ I was too tired to exercise.
He was too fast to catch.

❸ Skiing is the best part of winter.
Traveling is the best part of spring.

Check up

1 with **2** too, to **3** Swimming, part

📖 일기 써 보기

Sunday, January 19, Cold
My family **went to** the snowy hill.
I went down the **hill** on a sled with my **brother**.
We also made a **snowman**.
Then, we tossed snowballs at each other.
However, the **snow** was too **cold** to play for long.
Sledding is the **best** part of **winter**.

DAY 20

🔍 패턴 표현 익히기

❶ My dad came to see me.
I came to play with you.

❷ I came in second in a race.
I came in last in the relay race.

❸ I think this is their house.
I think my team is the best.

Check up

1 to, for **2** first **3** best

📖 일기 써 보기

Monday, October 20, Clear
Today was our **school sports** day.
My parents came to **cheer** for me.
I **came** in second in the relay race.
My team narrowly **won** the tug-of-war.
Everyone **clapped** and cheered happily.
I **think** my team is the **best**!

DAY 21

🔍 패턴 표현 익히기

❶ There is a surfing contest every year.
There was a speech contest yesterday.

❷ I write about Korean food.
I wrote about the game.

❸ This was thanks to your help.
I am happy thanks to you.

Check up

1 was **2** about **3** to, writing

📖 일기 써 보기

Thursday, October 21, Clear
There **was** an English speech contest at **school**.
The **topic** was "my hobby."
I spoke **about** my favorite hobby.
To my **surprise**, I **won** first prize!
This was **thanks** to my daily speaking practice.
I **want** to **improve** my speaking skills.

DAY 22

🔍 패턴 표현 익히기

❶ I stay up late studying.

   I stayed up late watching movies.

❷ I read a book before going to bed.

   Before going to bed, I brushed my teeth.

❸ This is the best food I've ever had.

   This is the best holiday I've ever had.

Check up

1 up　　**2** going, saw　　**3** best, I've

📖 일기 써 보기

Tuesday, January 22, Chilly

My family **went** to my grandma's house.

My cousins and I wore *hanbok* and bowed to our elders.

Then, we **ate** *tteokguk* together and played *yutnori*.

I **stayed** up **late** playing with my cousins.

Before **going** to bed, we saw the full moon and made a **wish**.

This is the **best** Lunar New Year's Day I've ever **had**.

DAY 23

🔍 패턴 표현 익히기

❶ We wear special glasses.

   We wore pajamas.

❷ I dressed up as a wizard.

   I dressed up as a zombie.

❸ I'm excited about the theme park.

   I'm excited about this trip.

Check up

1 wore　　**2** dressed, as　　**3** excited, about

📖 일기 써 보기

Saturday, November 23, Windy

I **had** a pajama **party** with my friends.

On pajama day, we **wore** our favorite pajamas.

I **dressed** up in animal **pajamas**.

We **played** games and had a pillow fight.

We stayed up late watching movies.

I'm already **excited about** the party next **month**.

DAY 24

🔍 패턴 표현 익히기

❶ I decided to study harder.

   I decided to drink more water.

❷ I often eat sandwiches.

   I often eat fried chicken.

❸ I prefer meat to vegetables.

   I prefer singing to dancing.

Check up

1 to change　　**2** often eat　　**3** to

📖 일기 써 보기

Monday, October 24, Fine

I **decided** to **drink** more water.

I **often** drink soda and sweet drinks.

I **prefer** Coke **to** water.

But strangely, my teeth hurt yesterday.

I **had** a toothache today and went to the **dentist**.

From now on, I'll **try** to **drink** healthy drinks.

정답

DAY 25

🔍 패턴 표현 익히기

❶ I start jogging at seven.
　I started entering data.

❷ I'm studying English.
　I'm doing my homework.

❸ I plan to be a musician.
　I planned to have a birthday party.

Check up

1 working　　**2** gaining　　**3** planned

📖 일기 써 보기

Saturday, September 25, Sunny

I started working out last month.

I'm losing weight these days.

I planned to run for 30 minutes every day, and I really enjoy it!

I want to stay fit.

I wish I could lose more weight by running.

DAY 26

🔍 패턴 표현 익히기

❶ The leaves turned brown.
　He turned pale at the news.

❷ As soon as I got home, I had lunch.
　As soon as it stopped raining, I left.

❸ I will never forget her!
　I will never forget your kindness!

Check up

1 turned　　**2** arrived　　**3** never forget

📖 일기 써 보기

Sunday, May 26, Fine

My family went hiking in the mountains.

The leaves were green, and the flowers were blooming.

As soon as we arrived at the trail, we began our hike.

We walked together and enjoyed the beautiful weather.

Then, we had lunch under the trees.

I will always remember today's hike!

DAY 27

🔍 패턴 표현 익히기

❶ I was banned from eating jelly.
　I was banned from watching TV.

❷ I promised to get up early.
　I promised to wait for her.

❸ I regret buying this!
　I regret saying that!

Check up

1 banned　　**2** to play　　**3** breaking

📖 일기 써 보기

Wednesday, October 27, Windy

I was banned from using the tablet.

Yesterday, I promised to play games for only thirty minutes.

I planned to do my homework after that.

But the game was so exciting!

Two hours later, I was surprised to see my dad next to me.

I regret breaking my promise!

DAY 28

🔍 패턴 표현 익히기

❶ My dream is to be an architect.
My dream is to be a game designer.

❷ I want to make my room clean.
I want to make her smile.

❸ I hope you're okay.
I hope it doesn't rain.

Check up

1 to be   **2** to make   **3** comes

📖 일기 써 보기

Thursday, November 28, Chilly

My dream is to be a game designer.

I wanted to be a doctor, but now I've changed my mind.

I watched a TV interview with a game designer.

He makes fun and exciting games for kids.

I want to make the world a happier place.

I hope my dream comes true.

DAY 29

🔍 패턴 표현 익히기

❶ I participated in a club.
I participated in the debate.

❷ I learned how to dance.
I learned how to speak Chinese.

❸ I lost my muffler while skating.
I hurt my finger while playing basketball.

Check up

1 in   **2** how to ski   **3** skiing

📖 일기 써 보기

Wednesday, December 29, Cold

I participated in a skating camp.

I learned how to skate for the first time.

It was scary to step onto the rink.

I fell down several times while skating.

I almost crashed into someone else.

But I was so excited when I skated across the rink.

DAY 30

🔍 패턴 표현 익히기

❶ Grapes are my favorite fruit.
Green is my favorite color.

❷ I wonder what you think.
I wonder who he is.

❸ I'm looking forward to this weekend.
I'm looking forward to seeing you.

Check up

1 is   **2** what   **3** looking, to

📖 일기 써 보기

Tuesday, December 25, Very Cold

Today is Christmas, my favorite day of the year!

My family had a special dinner together.

We happily sang Christmas carols.

I got some presents from my parents.

I felt so excited and thanked them.

I'm already looking forward to Christmas next year!